골프 캐디 매뉴얼

권동극 · 김영식 · 박익수 공저

Golf Caddie

www.kimoonsa.co.kr

머리말

사전상의 '캐디(Caddie)'에 대한 정의는 클럽을 운반하고 경기방법을 충고하는 등 플레이어를 돕는 사람을 말하며, 한국에서는 '경기보조원', '경기도우미' 등으로 바꿔 부르고 있지만 국제적인 호칭은 '캐디'이다.

'캐디'라는 용어가 골프 규칙서에 처음으로 등재되어 호칭이 통일된 때는 지금으로부터 240년 전인 1775년이며, 플레이어와 캐디의 관계가 챔피언십이나 토너먼트대회 때 볼 수 있는 '공생관계'로 그 역할이 격상되기 시작한 것은 20세기에 들어서면서이다.

최근 골프는 프로골퍼들의 활약으로 관심을 모으며 대중스포츠로 자리 잡아 가면서 골프인구가 기하급수적으로 증가하고 있다. 이와 비례하여 신규 골프장의 개장과 더불어 각 골프장에서 근무할 캐디들의 수요 또한 급증하고 있다.

캐디는 골퍼의 가이드로서 골프를 원활하게 칠 수 있도록 통제·관리·지도·스코어 정리·규칙을 안내하고 있으며, 골프 도우미로서의 역할은 코스안내·스코어 작성·골프백관리 등이 있다.

이처럼 골프경기의 원활한 진행과 골퍼들이 경기에 동반하여 조언을 해줄 수 있는 유일한 협력자로서의 역할을 다하는 전문 서비스인이다.

플레이를 시작하면서부터 동행하여 골퍼들의 클럽이나 휴대품을 체크하는 것은 물론, 골퍼들이 쾌적한 플레이를 즐길 수 있도록 정확한 안내와 적절한 조언을 하는 중요한 역할을 맡고 있으며, 상식과 교양을 넓힐 수 있는 매력과 함께 자기개발을 통한 자기발전을 꾀할 수 있는 계기를 만들 수 있다.

특히 골프의 룰이나 에티켓을 통해서 높은 교양을 쌓을 수 있으며, 수많은 스포츠 중에서도 골프처럼 룰이나 에티켓이 엄격한 것이 없으며, 에티켓은 룰에 앞서 더 한층 엄격하다는 것만 보아도 이러한 일을 수행하는 캐디는 사회인으로 훌륭한 사람이 될 수 있을 것이다.

본서는 '골프 캐디'의 기본 지침서로서 좋은 안내자의 역할을 하고자 한다. 구성을 살펴보면

    제1장 골프의 역사
    제2장 골프란?
    제3장 플레이의 기본과 경기 방법
    제4장 골프클럽의 종류 및 명칭
    제5장 그립의 종류
    제6장 골프 경기규칙(Golf Rule)
    제7장 캐디의 업무
    제8장 캐디의 행동지침
    제9장 골프 클럽 카트
    제10장 캐디 외국어 기초로 구성되어 있다.

캐디는 일생의 건강을 보장받게 되는 훌륭한 직업이며, 자제력과 책임감을 가질 수 있는 직업으로서 장차 많은 사람들의 꿈을 위한 좋은 직업으로서 자리매김할 것으로 기대한다.

본서는 이러한 기대에 부응하는 참고자료로 미력하나마 도움이 되고자 하는 마음으로 저자들의 정성을 담았으며, 향후 더 좋은 지침서로서 역할을 하고자 노력을 아끼지 않을 것이다.

정말 행복한 사람은 모든 것을 다 가진 사람이 아니라, 지금 하는 일을 즐거워하는 사람, 자신이 가진 것을 만족해하는 사람, 하고 싶은 일이 있는 사람, 갈 곳이 있는 사람, 갖고 싶은 것이 있는 사람이라 했던가? 그 사람이 '캐디'였으면 좋겠다.

본서가 출간될 수 있도록 지도와 조언을 아끼지 않으신 많은 분들에게 감사드리며, 기문사의 가족 여러분께도 진심으로 감사의 인사를 드린다.

2015년 공동저자

차례

제1장_골프의 역사 ……………………………… 11
1. 골프의 발전사_11
2. 클럽과 볼의 발달사_12
3. 경기의 발달사_13
4. 한국 골프의 전래_14

제2장_골프란? ………………………………… 19
1. 골프의 개요_19
2. 골프장의 종류_21
3. 골프코스의 구성_22
4. 홀의 구분_27
5. 홀의 상태_28

제3장_플레이의 기본과 경기 방법 ………… 33
1. 플레이의 개념_33
2. 타수 계산법_34

3. 스코어 카드_35
4. 핸디켑_36
5. 미터와 야드 환산법_36
6. 경기종류 및 방식_36

제4장_골프클럽의 종류 및 명칭 ·················· 41

1. 골프클럽_41
2. 클럽의 페이스 각도_42
3. 클럽의 구성과 부분별 명칭_44
4. 볼과 구질_46
5. 기타_47

제5장_그립의 종류 ····························· 53

제6장_골프 경기규칙(Golf Rule) ··············· 57

1. 골프규칙의 개념_57
2. Penalty의 일반적 기준_58
3. 벌타 일람표_58
4. 쉽게 보는 골프 룰 & 용어_76

제7장_캐디의 업무 ··· 115

1. 캐디의 유래와 정의_115
2. 캐디 직업의 매력_116
3. 캐디의 역할과 임무_116
4. 캐디의 기본자세_118
5. 캐디 업무 Flow_121
6. 캐디의 건강관리_128
7. 홀인원 및 이글 이벤트_129
8. 캐디의 기본 업무지식_131

제8장_캐디의 행동지침 ································ 137

1. 캐디의 수칙_137
2. 캐디의 마음가짐_138
3. 캐디의 기본복장_138
4. 캐디의 기본용모_139
5. 코스에서의 올바른 행동과 표현_141
6. 코스에서의 상황별 멘트_162
7. 고객에게 NO라고 해도 되는 상황_176
8. 고객이 싫어하는 유형의 캐디_178
9. 고객의 유형별 Needs 예측_182

제9장_골프 클럽 카트 ················ 189

1. 골프 클럽 카트의 정의_189
2. 골프 클럽 카트의 종류 및 장·단점_190
3. 골프 클럽 카트의 작동방법_191
4. 골프 클럽 카트의 관리요령_192
5. 골프 클럽 카트의 점검방법 및 사고유형_193
6. 골프 클럽 카트의 안전수칙_195
7. 골프 클럽 카트의 안전 멘트 요령_195

제10장_캐디 외국어 기초 ················ 199

1. 숫자_199
2. 시간_202
3. 방향_203
4. 인사_204
5. 색깔_205
6. 날씨_206
7. 그린_207
8. 코스용어_208
9. 기타_211

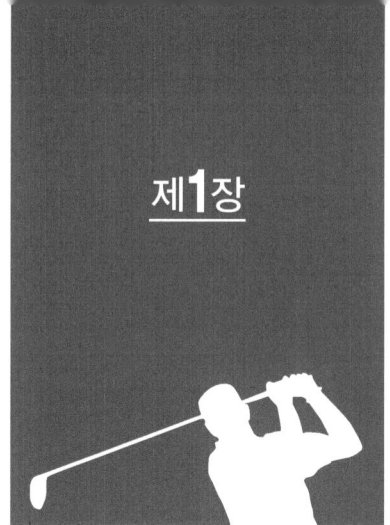

제1장

골프의 역사

1. 골프의 발전사
2. 클럽과 볼의 발달사
3. 경기의 발달사
4. 한국 골프의 전래

제1장
골프의 역사

골프의 발전사

골프의 기원은 스코틀랜드 지방에서 양을 기르던 목동들이 끝이 구부러진 나뭇가지로 돌멩이를 날리는 민속놀이가 구기로 발전했다는 설과 기원전 네덜란드에 어린이들이 실내에서 즐겨하던 콜프(kolf)라는 경기에서 비롯되었다는 설이 있다. 또한 네덜란드의 콜벤이라는 오늘날의 크리켓이나 아이스하키와 비슷한 구기가 14세기경 바다를 건너 스코틀랜드에 전래되었다는 설이 있다. 15세기에는 골프가 지나치게 성행하여 국민의 무도(武道)와 신앙에 방해가 된다고 해서 칙령으로 전면 금지하거나 안식일에는 플레이를 금지하였다. 골프는 귀족 계급에도 만연되어 왕도 즐겼으며, 16세기 이후에는 신분의 상하를 불문하는 스포츠로까지 발전되고, 잉글랜드에까지 파급되었다. 골프를 'Royal and Ancient Game'이라고 하는 까닭은 여기에 있다. 1744년 에든버러시에서 제공한 실물 크기의 은제골프를 놓고 경기를 한 골퍼들이 오늘날 골프의 창시자로 볼 수 있다. 그 당시 골프 룰은 13개 조항이었으나 지금은 34개 조항과 3개의 부칙으로 발전되었다. 근대 골프 초기에는 프로와 아마추어 구분이 없었고 골프클럽과 볼을 제작하는 사람들이 선수가 되어 각자 만든 골프클럽과 볼의 기능과 재질에 따라 경기력의 우열이 가려졌다고도 한다. 세이트 앤드루스 출신의 앨런 로버트슨이 1859년에서 사망하기까지 가장 훌륭한 선수였으며 최초의 프로 골퍼였다고 한다.

클럽과 볼의 발달사

골프클럽과 볼의 발달은 서로 보완적으로 발달해 왔으며 최초의 클럽 제작자는 윌리엄 메인이었다. 그 당시 골프 볼은 끓인 새털을 소나 말의 가죽으로 만든 주머니에 넣고 둥글게 꿰매어 만들었으며 꿰맨 실이 뜯어지면 그 사이로 조그만 깃털들이 빠져나와 날아다녀 천식이나 폐병을 유발시키기도 하였다. 이런 공은 주위 환경에 따라 형태와 무게가 변하곤 했으므로 퍼팅하기가 어려웠다고 한다. 골프 클럽은 이런 깃털로 만든 가벼운 볼을 치므로 굳이 단단할 필요가 없어 샤프트는 무푸레나무나 개암나무로 만들었고 헤드는 현재의 것보다 훨씬 낮고 좁게 만들었다.

1800년대 중반에 와서야 말라야 나무에서 추출한 구타 페르차로 만든 구타 볼이 만들어지고 후에 액체 접착제를 넣어 금속, 가죽, 코르크 등을 함께 넣어 만든 구티로 발전하였다. 뒤에 볼의 표면이 거

친 볼이 멀리 나른다는 것이 경험에 의해 입증되어 그 뒤의 구티 볼은 일부러 홈을 파서 제작되었다. 이렇게 볼이 딱딱해지자 클럽 샤프트가 부러지는 일이 발생되어 보다 더 견고한 샤프트가 필요하게 되어 히코리 나무로 만든 샤프트가 만들어지고 오늘날에는 특수 합금으로 만든 클럽이 등장하게 되었다. 이렇듯 새로운 볼은 새로운 클럽을 만드는 동기가 되었다. 이러한 과학적인 발전은 수명이 훨씬 길고 골퍼의 신장에 맞게 조정한다든지, 볼의 방향성과 타수성에 따라 클럽 헤드의 각도를 조절할 수 있게 되었다.

경기의 발달사

경기 전반에 관한 플레이어들의 규제를 정하게 된 시초는 1754년 성앤드류스 골프협회가 형성되면서이며 이 협회가 공시함으로써 공식적인 규칙이 되었다.

1888년 이후부터는 4년마다 영국의 고대 황실 구락부의 12명 회원으로 구성된 규칙위원회와 미국 골프 협회가 협의하여 규칙을 개정하고 있다. 1891년까지 각 구락부나 경기대회마다 전체 사용 홀의 수가 제각각이었다. 윔블던에서는 7개의 홀이 전 코스였으며 애든버그시의 브룬스필드 링크에서는 6개의 홀을 사용하고 블랙해스에서는 7개의 홀을 갖고 있었으며 대회 때는 21개의 홀로서 진행하기 위해서 3라운드를 설정한 바 있고 최초의 오픈 골프 선수권 대회를 개최한 프레스트 윅은 전체 12개의 홀로 구성되어 36홀 경기를 위하여 3

라운드로 경기를 진행하였다. 그러다가 성앤드류스에서 18개의 홀로 골프의 한 라운드로 적용하자는 재능 있는 골퍼들의 제안을 표준 숫자로 받아들여 경기를 운영한 것이 오늘날까지 전래되고 있다.

한국 골프의 전래

한국 최초의 골프 코스는 영국인에 의하여 1900년 원산세관 구내에서 시작되었다고 1940년 11월 일본에서 발행한 "조선골프소사"에 서술하고 있다. 당시 세관업무의 관리는 영국인을 중심으로 한 외국인들에 의해 운영되어 원산에 영국인들이 거주하며 골프 코스를 만들어 골프를 즐겼던 것으로 추정된다. 이 원산의 골프 코스는 세관 구내에 6홀로 건설했었다고 구전될 뿐 상세한 기록은 없다. 1918년 당시 철도국 직영의 조선호텔 부속시설로 투숙객에 대한 서비스 및 외국인의 체류기간을 연장시켜 수익 증대를 목적으로 용산 효창원(오늘날 효창공원 근처) 부근에 6홀의 골프 코스를 착공하여 1921년에 개장하였다. 효창원 골프 코스가 공원으로 편입되면서 1924년 4월 20일 사단법인 경성골프구락부가 설립되었는데 이는 철도국과 호텔로부터 독립되는 날이기도 하였으며 청량리 골프 코스가 착공되는 날이기도 하다.

청량리 골프 코스는 일본인 이노우에 노부라는 코스 설계자가 설계를 했고 건설 자금은 1만 원에서 2만 원이 출자됐고 각계 유지들에게 2만 원을 거둬 1924년 4월 20일 착공하였으며, 12월에 완공됐다. 청량리 골프 코스는 우리나라 최초의 정규 코스였다는 점에서 그 의미가 크며, 전장 3,906yd로 전반 9홀은 1,759yd로 Par 33, 후반 9홀은 2,147yd로 Par 37 18홀 Par 70이었다. 그린은 샌드그린이었으며, 그린 주변에는 고무래가 준비돼 있었다. 18개의 티잉 그라운드와 16개의 그린이 있었으며 1번 그린을 두 번 사용하는 방식이었다. 청량리 골프 코스는 조선 최초의 제1회 '전 조선골프선수권대회'를 개최하는 등 새로운 역사를 만들었다. 사단법인 경성골프구락부의 탄생은 한국 골프사에서 중요한 의미를 지닌다.

제2장

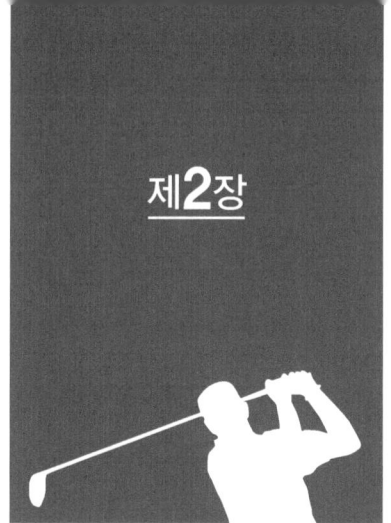

골프란?

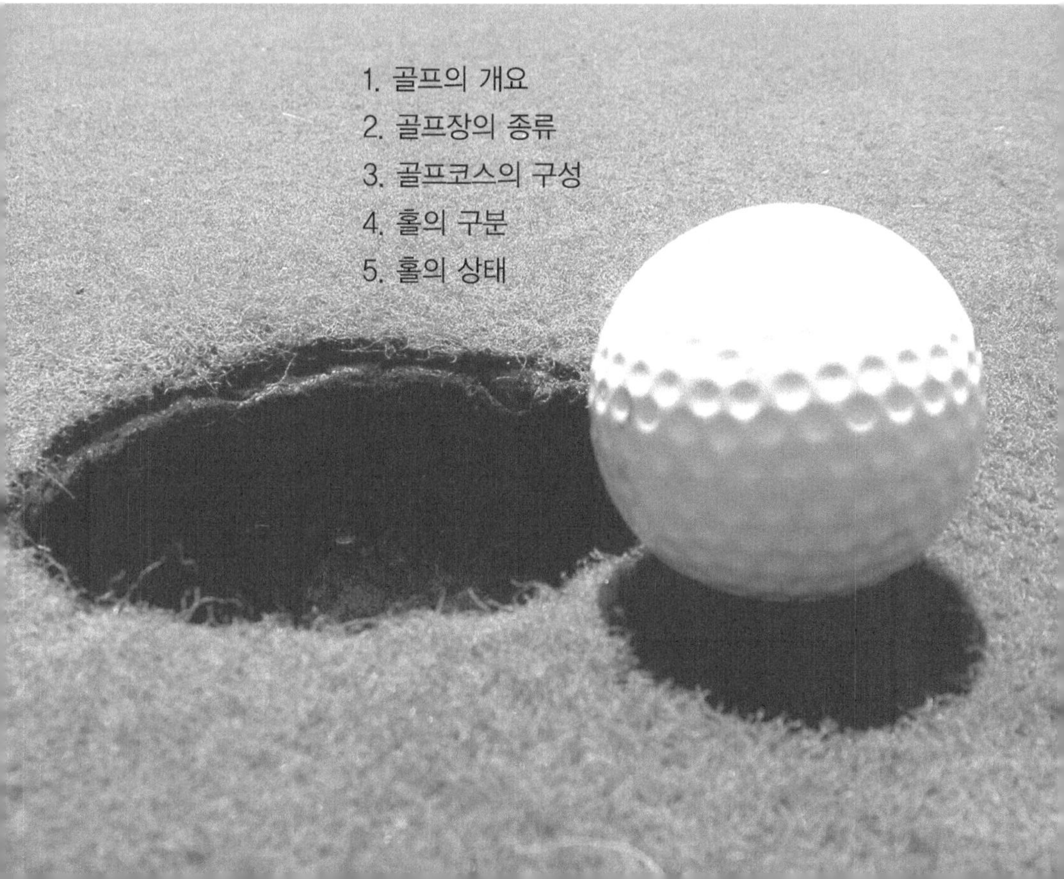

1. 골프의 개요
2. 골프장의 종류
3. 골프코스의 구성
4. 홀의 구분
5. 홀의 상태

제2장

골프란?

골프의 개요

1) 골프란?

- 티잉 그라운드에서 그린의 홀컵까지 골프클럽으로 볼을 치는 경기이다.
- 경기방식은 규칙에 따라 티잉 그라운드에서 그린의 홀컵에 넣을 때까지 가장 적은 타수로 18홀을 플레이하는 것이다.
- 플레이 형태는 홀의 승패수로 결정하는 매치 플레이와 총 스트로크 타수로서 결정하는 스트로크 플레이 두 가지가 있다.

2) 플레이 원칙 세 가지

- 코스를 있는 그대로 플레이할 것
- 볼이 놓여진 상태 그대로 플레이할 것
- 상기와 같이 못할 경우 공정하게 플레이할 것

3) 남녀노소 누구나 즐길 수 있음

4) 자연과 자신의 수양

- 코스마다 특이한 지형과 장애물을 극복
- 골프룰과 에티켓을 바탕으로 한 자율적인 운동

GOLF

G(Green)	푸른 잔디 위를	
O(Oxygen)	맑은 산소(공기)와	골프란 자연과
L(Light)	빛(태양)을 받으며	더불어 즐기는
F(Foot)	발로 걷는 운동	경기

2. 골프장의 종류

1) 골프장의 명칭

컨트리클럽이라고 하는 것은 골프장 내에 다른 스포츠 시설을 갖춘 골프장을 말하며, 골프클럽은 골프코스가 중심인 코스를 말한다. 국내에서는 골프클럽의 성격을 띤 코스가 많으나 대부분은 컨트리클럽의 명칭을 사용하고 있다.

2) 골프장의 종류

(1) 회원제 골프장(Membership Club)

운영 및 경영을 맡은 소유주가 클럽을 설립하고 회원을 모집하여 회원들이 우선적으로 이용할 수 있는 골프장

(2) 대중 골프장(Public Club)

기업이나 개인, 국가단체에서 자기 자본으로 코스를 건설하고 방문객의 수입으로 경영이 이루어지는 골프장

3) 컨트리클럽의 주요 구성 사례

클럽하우스 클럽하우스란 고객을 위하여 각종 편의시설을 설치해 놓은 곳으로 대표적인 시설로는 프런트, 락카, 프로샵, 레스토랑, 연회장, 콘도 등이 있다.

콘도 주로 골프 투숙객 중 투숙을 원하는 경우 이용을 한다.

프런트 내장객 접수, 요금 정산 및 각종 정보를 안내

락카   골프복장 교체 및 샤워시설 구비

프로샵   각종 골프용품 및 시상품, 특산품 판매

레스토랑   다양한 음식 제공

연회장   단체모임 주최 시 이용(식사 등)

미니마트   식음료 및 생필품 판매

마사지실   라운딩 후 피로회복을 위한 장소(전신 마사지, 발 마사지 가능)

피트니스 클럽   Well-being 시대에 맞춰 최첨단 시설로 신체단련을 위한 장소

비즈니스 센터   인터넷 검색 및 Print 시설 등이 갖추어진 장소

골프코스의 구성

1) 코스 구성의 3대 요소

첫째, 게임성

둘째, 미관성(美觀性)

셋째, 관리성(管理性)

2) 코스 구성 사례

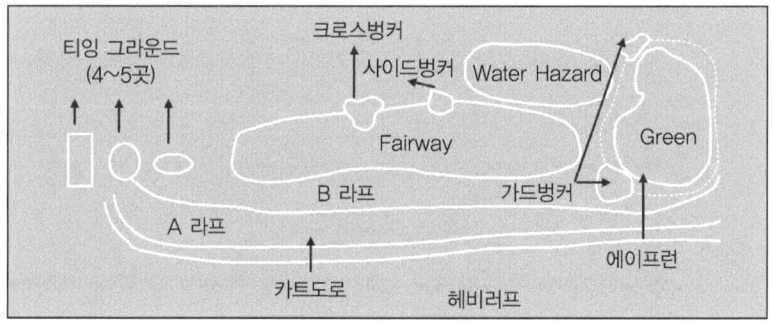

코스 길이는 총 14,736yds(13,100m)이고, 18홀당 PAR 72홀로 구성되어 있다.

- **Lake Course**   3,361yds(3,073m)로 PAR 36의 9개 홀로 이루어져 있음
- **Pine Course**   3,631yds(3,320m)로 PAR 36의 9개 홀로 이루어져 있음
- **Campo Course** 3,494yds(3,195m)로 PAR 36의 9개 홀로 이루어져 있음
- **Ocean Course** 3,576yds(3,270m)로 PAR 36의 9개의 홀로 이루어져 있음

3) 코스의 부분별 명칭

(1) 티잉 그라운드(Teeing Ground)

- 그 홀의 플레이가 시작되는 장소, 즉 볼을 제일 먼저 치는 곳이다. 티잉 그라운드 내에는 2개의 티 마크가 있는데, 이 2개의 티 마크를 연결한 선과 그 뒤편(Fairway 방향)으로부터 두 클럽의 직사각형 범위 안을 티박스라고 하는데 반드시 이 구역에서만 볼을 티업하고 쳐야 한다(위반 시 2벌타).

- 티의 종류 : 일반적으로는 빽티(챔피온티), 레귤러티, 후론트티, 레이디티로 나뉜다.
- 각 위치에 따라 티(Tee)가 있다(사례 - 챔피온티, 빽티, 레귤러티, 실버티, 레이디티).
- 티잉 그라운드 초종은 서양잔디인 라이그라스와 캔터키 블루그라스가 2:8 정도의 비율로 혼용이 되어 있다.
- 서양잔디(일명 양잔디라고 함)는 더위에 약하고 추위에 강하며 (한지형 잔디), 사계절 초록색을 유지하는 Merit가 있다.

(2) 페어웨이(Fairway)

일반적으로 티잉 그라운드에서 그린까지의 사이를 말하며, 잔디 예고가 17~23mm로 깎아 잘 정비해 둔 지역이다.

잔디 종류는 그린과 마찬가지로 서양잔디인 패러니얼 라이그라스와 캔터키 블루그라스가 2:8 정도의 비율로 혼용되어 있다. 대부분의 골프장은 양잔디로 조성되어 있으며, 육지부 골프장은 대부분이 야지(한국형 잔디-난지형 잔디)로 조성되어 있다.

(3) 라프(Rough)

페어웨이, 그린, 해저드를 제외한 잡초지대를 말한다(초종 : 야지를 주로 사용 - 한국형 잔디).

    A라프   티잉 그라운드의 앞면
    B라프   페어웨이 양 측면과 그린의 뒷면
    C라프   B라프 밖의 수목지대(일명 : 헤비라프)

(4) 해저드(Hazard)

해저드란 모든 벙커 또는 워터 해저드를 말한다.

(5) 벙커(Bunker)

코스 내의 대표적인 장애물로써 여러 가지 모양으로 지면을 파고 모래나 잔디를 깔아둔 곳

사이드 벙커 페어웨이 양쪽에 위치
그로스 벙커 페어웨이 중앙 가까이에 위치
가드 벙커 그린 주변에 위치
그라스 벙커 모래 대신 잔디로 되어 있음

(6) 워터 해저드

바다, 호수, 연못, 하천, 배수구, 기타 수로를 말하며, 대표적으로 연못이 이에 해당한다.

워터 해저드가 벙커와 다른 점은 연못에 떨어진 볼은 치기가 불가능하므로 1타의 스트로크를 가산하고 다시 쳐야 한다(벌타 없이 그냥 쳐도 된다).

종류 및 드롭방법

워터 해저드 : 황색말뚝 표시
드롭은 원위치 또는 깃대와 볼이 최후로 들어간 지점을 연결하는 직후방 선상 어디에서나 드롭하고 칠 수 있다.

레터럴 워터 해저드(병행워터 해저드) : 적색말뚝 표시
워터 해저드 처리방법(2가지) 외에 볼이 해저드에 최후로 들어간

지점(또는 같은 거리의 반대편)으로부터 2클럽 이내의 구멍에 가깝지 않은 곳(사선 부분)에 드롭하고 칠 수 있다.

(7) 그린(Green)

퍼팅을 하기 위해 특별히 만들어진 곳으로 특수한 잔디로 짧게 깎아 항상 매끄럽게 관리하며 일반적으로 국내에서는 그린 잔디 길이를 3.0mm~6.0mm로 깎는다(초종 : 벤트 그라스).

(8) 마운드(Mound)

페어웨이 벙커 주변 또는 그린의 주위에 둥글게 쌓아 올려 지형에 변화를 줌으로 플레이에 난이도를 높여주고 있는 곳을 말한다.

(9) 홀컵(Hole Cup)

각 홀의 마지막 종점으로 그린 가운데 직경 10.8cm, 깊이 10.16cm 이상의 구멍을 뚫어 금속제의 원통을 묻고 그 중앙에 깃대를 세울 수 있도록 되어 있다.

(10) 핀(Pin)

홀의 위치를 알려 주기 위하여 기를 달고 홀의 중심에 수직으로 세워둔 표시이다. 그 날의 핀 위치에 따라 깃발을 달리 사용하기도 한다.

ex) 빨간색 깃발   그린 앞쪽에 핀이 위치

노란색 깃발   그린 중앙에 핀이 위치
파란색 깃발   그린 뒤쪽에 핀이 위치

(11) 아웃 오브 바운드(Out of Bounds, OB)

아웃 오브 바운드(일명 오비, OB)라 함은 코스의 경계나 위원회가 정한 코스의 일부분을 넘어가는 것을 말한다. 오비 표시 밖은 코스가 아니라는 뜻이므로 그 지역에서는 플레이를 할 수 없다. 흰색 말뚝으로 표시를 하며 그 말뚝과 말뚝의 연장선상 페어 안쪽 직선을 기준으로 OB를 판단한다.

4 홀의 구분

코스를 구성하는 18홀은 티잉 그라운드로부터 그린까지의 거리에 따라 파 3홀, 파 4홀, 파 5홀의 세 가지로 나누어져 있다. 일반적으로 파 3홀 4개, 파 5홀 4개, 파 4홀 10개로 구성되어 있으며 18홀 파의 합계는 72이다(예외 : 파 70, 파 71, 파 73도 있다).

✱ 홀의 종류에 따른 거리표

홀의 종류	남 자	여 자
파 3홀	250YD까지	210YD까지
파 4홀	251~470YD까지	211~400YD까지
파 5홀	471YD 이상	401YD 이상

5 홀의 상태

■ 평판한 홀

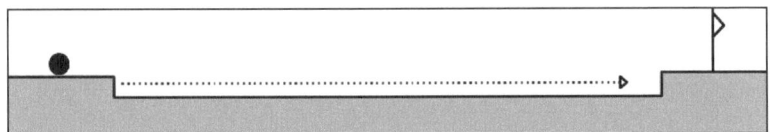

■ 기복이 심한 홀

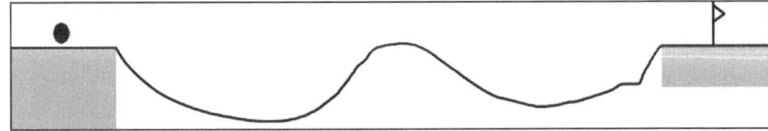

■ 내리막 홀

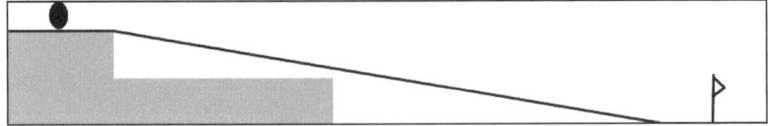

■ 오르막 홀

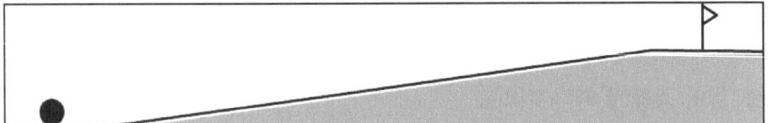

■ 도그렉 홀

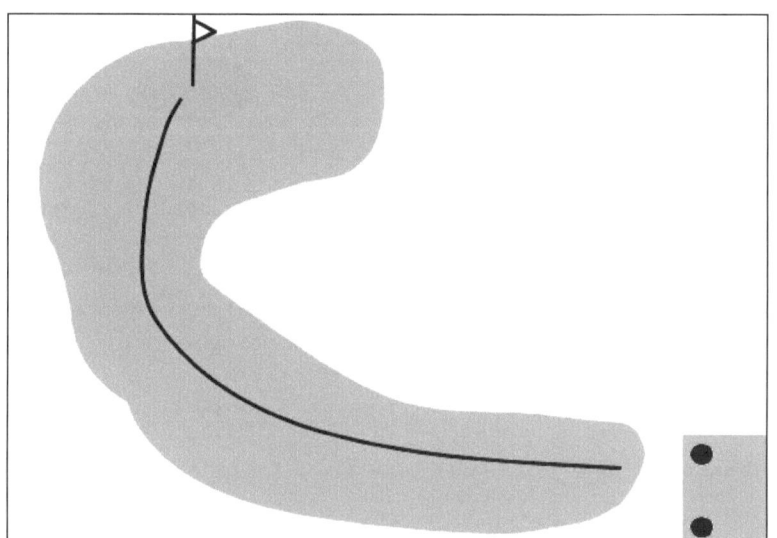

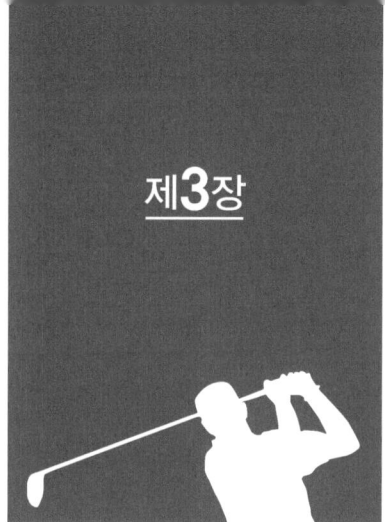

제3장

플레이의 기본과 경기 방법

1. 플레이의 개념
2. 타수 계산법
3. 스코어 카드
4. 핸디캡
5. 미터와 야드 환산법
6. 경기종류 및 방식

제3장
플레이의 기본과 경기 방법

 플레이의 개념

골프경기는 14개 이내의 골프 클럽으로 티잉 그라운드에서 쳐낸 볼을 그린 위에 있는 홀컵에 넣을 때까지 최소한의 타수로 플레이를 겨루는 게임이다.

1) 티잉 그라운드에서 정해진 티박스에 티로 볼을 티업해서 샷을 한다.
2) 페어웨이에 떨어진 볼은 그린 위의 핀을 향해서 쳐 나간다.
3) 볼이 그린에 올라가는 것을 "온 그린(On Green)"이라 하는데 그린에 볼이 "온 그린"되면 퍼터로 굴려서 홀 컵에 넣는다. 이것을 퍼팅이라 하며 첫 퍼팅에 넣으면 "원 퍼팅", 두번째 넣으면 "투 퍼팅"이라 하고 볼이 홀 컵에 들어가는 것을 "홀 인"이라 한다.

gimme(김미)

친선게임이나 매치플레이 때 통용되며 일반적으로 OK라고도 한다. 보통 클럽의 넥부터 그립까지의 거리 안에 들면 일행들의 동의에 의해 결정되며 그것도 한 번의 퍼팅으로 세어야 한다.

4) 이 볼을 집어냄으로서 한 홀의 플레이를 끝낸 것이 되고 "홀 아웃"이라고 하며 이런 홀 아웃을 18번 거쳐야 1라운드이다.

 타수 계산법

각 홀에는 제각기 "파"라고 부르는 기준 타수가 정해져 있다.

예를 들면 파 3홀은 티에서부터 홀컵에 넣기까지를 3번에 끝내는 것이 기준타수로 정해진 홀을 말한다.

파4홀은 4번에, 파5홀은 5번에 넣는 것이 기준 타수이며 그것보다 적은 타수로 혹은 많은 타수로 홀 아웃할 수 있기 때문에 그에 따른 명칭이 주어진 것이다.

✱ 홀별 스트로크의 명칭

명 칭	파5홀	파4홀	파3홀
홀인원	1(-4)	1(-3)	1(-2)
알바트로스	2(-3)		
이글	3(-2)	2(-2)	
버디	4(-1)	3(-1)	2(-1)
파	5(0)	4(0)	3(0)
보기	6(+1)	5(+1)	4(+1)
더블보기	7(+2)	6(+2)	5(+2)
트리플보기	8(+3)	7(+3)	
쿼트리플보기	9(+4)		
더블파	10(+5)	8(+4)	6(+3)

스코어 카드

COMPETITION 단체명

PLAYER 플레이어 성명

COURSE RATING 코스난이도

DATE 날짜

ATTESTED BY 마커가 사인하는 란

APPROVED BY 본인이 사인하는 란

HOLE 코스 내의 홀 순서

HANDICAP 홀마다의 난이도 표시

PAR 홀마다의 기준 타수

4. 핸디캡

플레이어의 기량을 숫자로 표현하여 상급자와 하급자가 평등하게 플레이를 할 수 있도록 기량이 약한 사람에게 스코어를 감해주는 것으로 일반적으로 "핸디"라고도 한다.

핸디캡을 사용하지 않은 스코어를 그로스 스코어, 그로스에서 핸디를 뺀 스코어가 네트 스코어가 된다.

5. 미터와 야드 환산법

$$Y(Yard) \times 0.914 = M(Meter)$$

일반적으로 10Y는 9M, 100Y는 90M로 환산한다.

6. 경기종류 및 방식

1) 스트로크 플레이(Stroke Play)

1라운드의 총타수로 승부를 결정하는 방법으로 가장 적은 타수로 18홀을 플레이한 사람이 우승자이다. 또한 통상적인 경기에서는 네트 스코어로 승패를 결정하게 된다.

2) 매치 플레이

각 홀에서 그 홀의 승패를 결정, 18홀의 플레이를 마친 단계에서 이긴 홀 수가 많은 플레이어가 승자가 되는 방식이다.

3) 스킨스

홀당 걸려있는 상금을 그 홀에서 가장 잘 친 한 선수만이 상금을 획득할 수 있다. 동점자가 나왔을 경우 그 홀의 상금은 다음 홀로 넘어가게 된다.

4) 라스베이거스

4명이 한 팀이 되었을 경우 티샷의 순서에 따라 2인 1조씩 각 조의 점수 합계로 홀 매치를 하는 게임이다.

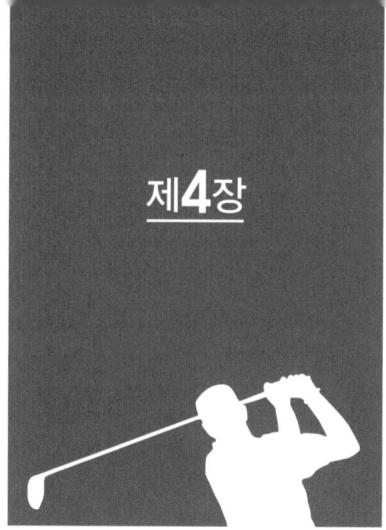

제4장

골프클럽의 종류 및 명칭

1. 골프클럽
2. 클럽의 페이스 각도
3. 클럽의 구성과 부분별 명칭
4. 볼과 구질
5. 기타

제4장
골프클럽의 종류 및 명칭

 골프클럽

골프클럽은 크게 세 가지로 나누어볼 수 있는데, 공의 거리를 내기 위한 우드, 정확하게 보내기 위한 아이언, 그린에서 사용하는 퍼터로 나뉘어 총 14개의 클럽을 사용할 수 있다.

1) 클럽의 종류와 용도

구분	번호	명 칭	길이(인치)	로프트	비거리(남)	비거리(여)
우 드	1	드라이버	43	7~11	220Y	190Y
	2	브래쉬	42	14	210Y	180Y
	3	스푼	42	17	190Y	170Y
	4	버피	41	19	180Y	160Y
	5	크리크	41	21	170Y	150Y
	7	헤븐	41.5	20	160Y	140Y
	9	디바인	41	23	140Y	120Y
	11	일리	41	26	120Y	100Y

구분	번호	명 칭	길이(인치)	로프트	비거리(남)	비거리(여)
롱 아 이 언	1	드라이빙 아이언	39.5	16	190Y	160Y
	2	미드 아이언	39	21	180Y	150Y
	3	미드 매쉬	38.5	24	170Y	140Y
	4	매쉬 아이언	38	27	160Y	130Y
미들 아이언	5	매쉬	37.5	31	150Y	120Y
	6	스페이스 매쉬	37	35	140Y	110Y
	7	매쉬 니블리스	36.5	39	130Y	100Y
쇼트 아이언	8	미쳐	36	43	120Y	90Y
	9	니블리크	35.5	47	110Y	80Y
웨지	P	피칭웨이지	35	51	100Y	70Y
	S	샌드웨이지	35	52~57	80Y	50Y
퍼터	퍼터	퍼터	35	5~6		

 클럽의 페이스 각도

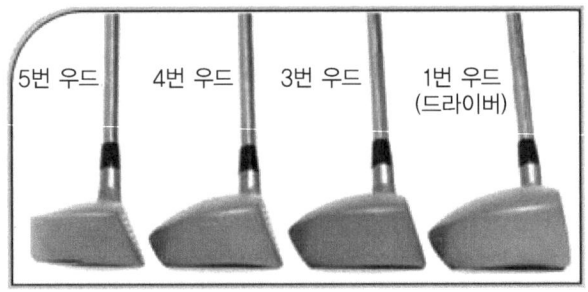

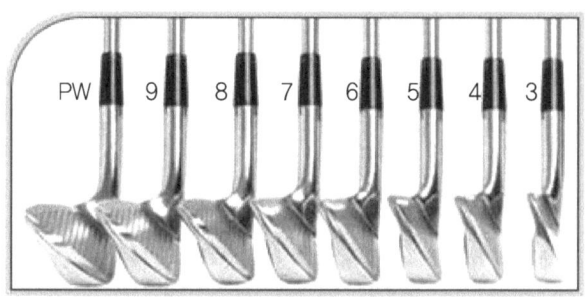

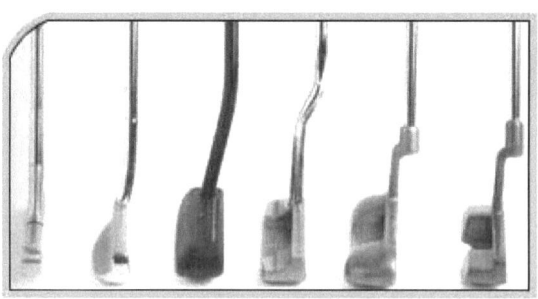

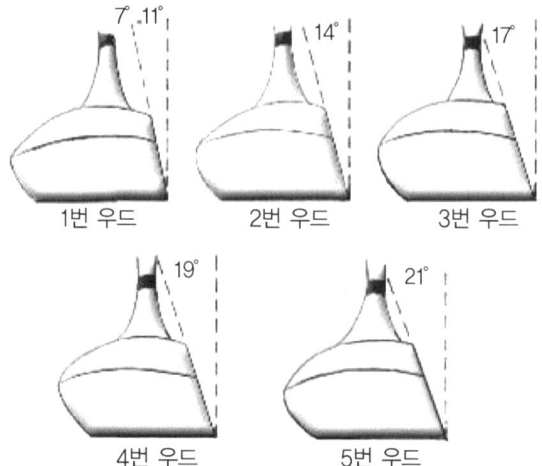

제4장_골프클럽의 종류 및 명칭

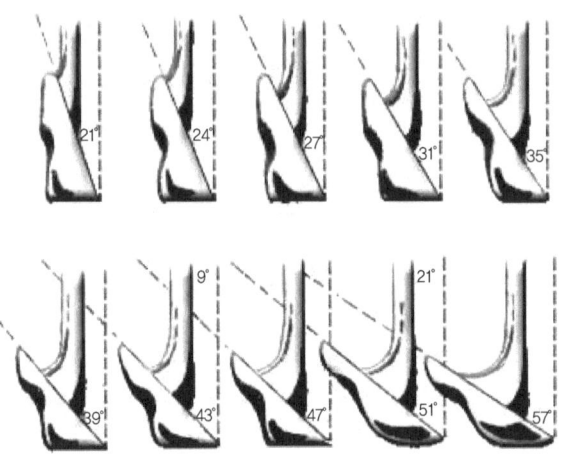

3 클럽의 구성과 부분별 명칭

그 립   클럽의 손잡이 부분으로 보통 고무나 실리콘 소재로 되어 있다.

샤프트   그립의 바로 밑부분부터 헤드를 이어주는 소켓 바로 윗부분. 소재는 보통 스틸, 바론, 카본, 그라파이트로 되어 있으며, 샤프트의 경도에 따라 L(여자), A(보통), R(남자 보통), S(강함), X(아주 강함) 등으로 나누어진다.

소켓   샤프트와 헤드의 목 부분을 연결

헤 드   볼을 직접적으로 때리는 부분

오른쪽의 드라이버는
로프트가 11도, 왼쪽의
것은 12도

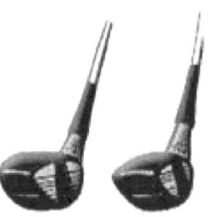
같은 드라이버라도 헤드의
형이 다르다. 얇은 것은
높이 날게 하고 힘이 약한
사람에게 적당하다.

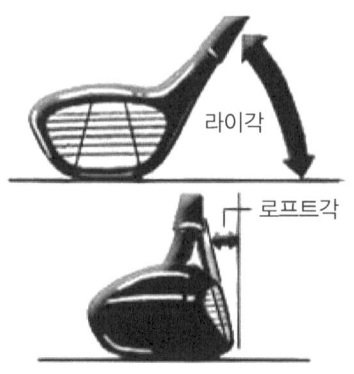

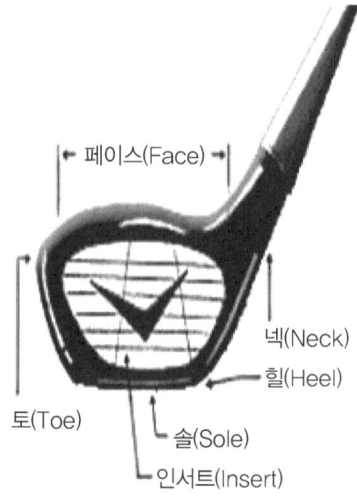

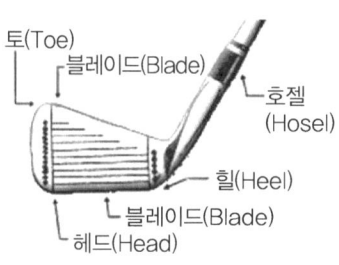

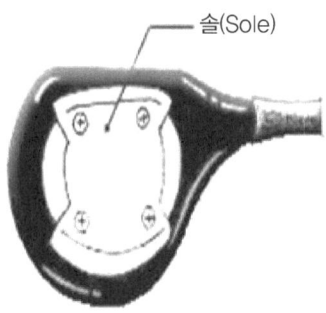

제4장_골프클럽의 종류 및 명칭

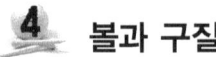 **볼과 구질**

1) 볼의 종류와 특징

쓰리피스 볼 중심에 심을 넣고 그 위에 고무실을 감고 그 위에 실린이나 발라타 커버로 덮어씌운 볼. 부드러운 느낌이 있고 방향성이 좋으나 수명이 짧고 가격이 비싸다.

투피스 볼 합성고무와 강화커버로 만들어진 볼. 비거리가 많이 나오며 수명이 길고 경제적이다.

2) 딤플

골프 볼에는 200여 개에서 500여 개의 딤플이 있고 이것은 공기 저항을 감소시켜 비거리를 늘리게 한다.

3) 볼의 구질

비구 궤도적 명칭	헤드 궤도	페이스 방향	비구현상
풀 훅크(생크)	아웃사이드 인	크로스	왼쪽으로 날아가 왼쪽으로 굽음
풀	아웃사이드 인	스퀘어	왼쪽으로 날아가 스트레이트
풀 슬라이스	아웃사이드 인	오픈	왼쪽으로 날아가 오른쪽으로 굽음
스트레이트 훅(드로우)	인사이드 인	크로스	똑바로 날아가 왼쪽으로 굽음
스트레이트	인사이드 인	스퀘어	목표선으로 똑바로 날아감
스트레이트 슬라이스 (훼이드)	인사이드 인	오픈	똑바로 날아가 오른쪽으로 굽음
푸시 훅	인사이드 아웃	크로스	오른쪽으로 날아가 왼쪽으로 굽음

비구 궤도적 명칭	헤드 궤도	페이스 방향	비구현상
푸시(푸시 아웃)	인사이드 아웃	스퀘어	오른쪽으로 날아가 똑바로 날아감
푸시 슬라이스(생크)	인사이드 아웃	오픈	오른쪽으로 날아가 오른쪽으로 감

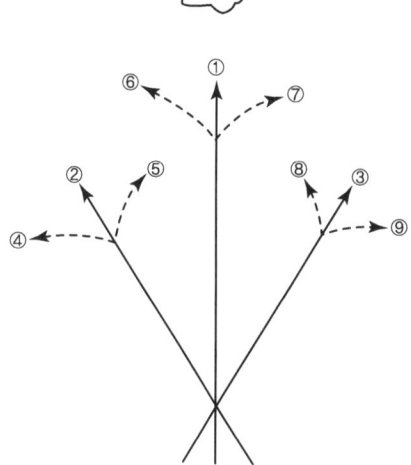

① 스트레이트(Straight)

② 풀(Pull)

③ 푸시(Push)

④ 풀 훅(Pulled Hook : 생크)

⑤ 풀 슬라이스(Pulled Slice)

⑥ 스트레이트 훅(드로 : Draw)

⑦ 스트레이트 슬라이스 (페이드 : Fade)

⑧ 푸시 훅(Pushed Hook)

⑨ 푸시 슬라이스 (Pushed Slice : 생크)

5 기타

1) 티(Tee)

티잉 그라운드에서 볼을 올려놓고 치도록 만든 핀으로 나무나 플라스틱으로 되어 있다.

2) 마크(Mark)

그린 위에 볼을 집을 때 볼 있던 자리를 표시하기 위하여 그린에 꽂는 핀 혹은 동전

3) 그린보수기

그린에 볼 자국을 수리할 때 사용하는 것으로 끝이 포크처럼 생겼다.

스윙

> 스윙은 원리와 순서에 맞게 움직이는 과정에서 볼이 클럽에 맞아 날아가게 되는 것
>
> ■ 테이크 어웨이(Take away)
> 백 스윙을 하기 위해 클럽을 뒤로 빼는 동작
>
> ■ 어드레스(Adress)
> 스윙의 준비 자세 : 양발을 어깨 넓이 만큼 벌리고 체중은 몸 중앙에 둔다.
>
> ■ 백 스윙(Back Swing)
> 왼쪽 팔이 볼 후방 면에서부터 오른쪽 어깨까지 올리는 자세
>
> ■ 톱 스윙(Top Swing)
> 스윙궤도 중 클럽이 머리 위에서 멈춰진 상태. 발은 움직이지 않으나 체중은 오른쪽 다리에 있다.
>
> ■ 다운 스윙(Down Swing)
> 머리 위에 멈춰진 클럽을 다시 볼의 후방 면까지 끌어내리는 자세. 오른쪽 발 뒤꿈치는 땅에 붙어 있어야 하고 체중은 이미 왼쪽으로 옮긴다.

■ 임팩트(Impact)
클럽 헤드와 볼이 닿는 순간이며, 머리를 절대로 들지 않는다.

■ 팔로우 스로우(Follow Through)
임팩트 다음 동작으로 볼을 밀고 나가 오른쪽 팔이 왼쪽 어깨 높이로 올라갈 때까지의 동작. 오른쪽 발 뒤꿈치를 띠기 시작하며 체중은 왼쪽에 둔다.

■ 피니쉬(Finish)
왼쪽 어깨 위에서 등 뒤로 클럽을 넘겨 주는 자세. 2, 3초 가량 멈춰져 있는 자세가 중요하다.

그립의 종류

제5장
그립의 종류

■ **오버래핑 그립**(Over Lapping)

오른쪽 새끼 손가락을 왼손 집게 손가락과 가운데 손가락 사이에 겹쳐 올려놓는 방법

■ **인터로킹 그립**(Interlocking)

손이 작은 여자에게 유리하며 오른쪽 새끼 손가락과 왼쪽 집게 손가락을 꼬아 잡는 방법

■ **베이스볼 그립 / 내츄럴 그립**(Baseball / natural)

야구 배트를 잡는 것과 같은 요령으로 잡는다.

텐 핑거 그립이라고도 한다. 오른손에 힘이 없는 사람에게 좋으나 자세가 흐트러질 위험이 있다(거의 사용 안 한다).

제6장

골프 경기규칙(Golf Rule)

1. 골프규칙의 개념
2. Penalty의 일반적 기준
3. 벌타 일람표
4. 쉽게 보는 골프 룰 & 용어

제6장
골프 경기규칙(Golf Rule)

 골프규칙의 개념

골프는 Player 스스로가 심판이 되어 하는 Game이다. 골프는 코스가 있는 그대로의 상태에서 Play를 한다. 그러므로 골퍼는 코스의 나뭇가지 하나도 훼손하지 말아야 한다.

대자연을 망가뜨려서는 안 된다는 골프의 정신을 어겼을 경우에는 페널티를 받게 된다. 볼은 놓여진 상태 그대로 Play를 한다는 것이다. 볼이 In Play된 후부터 홀인될 때까지 볼을 터치하지 않는 것이 원칙이다.

In Play된 볼을 터치하지 않을 수 없을 때는 골프규칙에 따라 Play한다는 것이다.

Penalty의 일반적 기준

경기자나 도우미는 볼의 위치나 움직임에 영향을 주는 행위를 해서는 안 되며 스트로크 플레이에서의 Penalty는 1벌타, 2벌타, 실격 등 3가지로 분류한다.

- 구제를 받을 때
- 우연한 실수를 했을 때

- 부주의로 인한 위반
- 금지사항 위반

- 기본원칙을 무시
- 고의적인 위반
- 에티켓 위반

 벌타 일람표

규 정	예 문	벌 점 Stroke	벌 점 Match	처리방법
플레이 중 어드바이스는 자기 파트너 혹은 그들의 캐디에게만 가능하다.	상대방 플레이어나 캐디에게 몇 번 클럽으로 쳤니? 하고 물어본다면…	2	홀패	조언을 구한 사람도, 대답한 사람도 2벌타
볼을 치는 방법 (볼을 바르게 칠 것)	클럽의 그립 부분으로 밀거나 크립헤드로 끌어당기는 경우	2	홀패	볼은 클럽헤드로 바로 쳐야 하며 밀어내거나 끌어당기거나 떠올려서는 안 된다.

규 정	예 문	벌 점		처 리 방 법
		Stroke	Match	
플레이 선의 지시	스트로크 중에 그 선상에 있거나 가까이에서 스트로크에 지장을 준다면…	2	홀패	볼이 퍼팅 그린 위에 있는 경우를 제외하고 누구로부터 플레이 선에 대하여 지시를 받을 수 있다. 단, 플레이어가 플레이 선을 지시하기 위하여 놓아두었거나 플레이어가 승인하고 놓여진 마크는 스트로크 전에 제거하지 않으면 안 된다.
볼 라이나 플레이 선의 개선	볼 뒤의 잔디를 눌러 주거나 볼을 옮겨놓았을 경우	2	홀패	볼의 라이나 스윙구역을 개선하는 행위를 해서는 안 된다.
플레이스, 리플레이스의 조치 위반	볼이 있어야 할 장소나 쳐야 할 장소를 위반하여 스트로크하면…	2	홀패	볼을 드롭하거나 있는 장소에서 친다.
고의로 인플레이 볼을 움직였다.	볼 뒤에 덜 깎인 잔디가 눈에 거슬린다고 볼을 움직였다.	1	홀패	1벌타 후 리플레이스 한다.
시합 당일 코스에서 연습했다.	시합이 12시 Tee-Off여서 9시에 9홀만 라운딩을 하였다.	실격	허용	매치에서는 시합 전 코스에서 연습 가능, 스트로크에서는 원칙적으로 금함.
출발 시간에 늦었다.	출발시간 5분 이후에 도착하였다.	실격	실격	스트로크에서는 5분 이내 출발 지점에 도착 시에는 지각의 벌은 2벌타를 적용하며 출발시작 후 5분 이후에는 실격 처리함. 매치플레이에서는 1홀의 패

* Teeing Groung

상 황	벌 타		처 리 방 법
	Stroke	Match	
OB가 되었을 때	1	1	처음 친 볼 1타와 벌점 1점 새로 친 타수 1타 총 3타째 친 것이 된다. -Replace
볼이 분실되었을 때	1	1	OB의 경우와 같이 처리한다. -Replace(볼이 분실이 우려가 있을 때는 꼭 잠정구를 치고 이동한다)
티업을 한 볼이 첫 스윙을 해서 그대로 있을 때	-	-	헛 스윙 1타 그리고 그 상태에서 치면 된다. 만약 다시 티업하려고 볼을 만지면 볼을 손으로 건드린 것에 벌 1타를 더 가산 처리됨.
헛 스윙을 해서 볼이 티에서 떨어졌을 때	-	-	헛 스윙 1타로 떨어진 곳에서 친다.
친 볼이 티 마커 옆에 떨어졌을 때	-	-	무벌로 티 마커를 치우고 제 2타를 친다(치고난 후 마커 원 위치).
스윙 전 클럽헤드로 조정하다 볼이 티에서 떨어졌을 때	-	-	아직 인 플레이가 되지 않은 볼이기 때문에 벌점 없이 다시 티에 올려놓고 친다.
동반 경기자에게 클럽을 빌려서 티샷을 했을 때	2	홀패	스트로크-반칙 홀마다 2벌타 부가 (1라운드마다 최고 4타 부과) 매치-반칙이 발생한 각 홀에 1홀의 패. 홀패로 하는 홀 수는 1라운드마다 최고 2홀이 한도임.
타인의 볼을 빌려 티샷을 했을 때	-	-	벌타와는 관계가 없음. 홀 아웃이 끝날 때까지 사용하여야 한다.
타순을 잘못 알고 티샷을 했는데 그 볼이 OB가 되었을 때	1	1	스트로크-OB조치 그에 따른 벌타만 가산한다. 매치-상대방은 즉시 그 스트로크를 취소할 것을 요구할 수 있다. 타순을 바꿔 친 것에 대한 벌타는 없다.
티에서 떨어지는 상태의 볼을 샷 하였다.	-	-	아직 인플레이 볼이 아니기 때문에 벌타 없이 친 타수만 계산한다.

상 황	벌 타		처 리 방 법
	Stroke	Match	
티잉 그라운드 구역 외에서 티업하고 쳤다면	2	–	스트로크-2벌타 후 티잉 그라운드에서 다시 친다(구역 외에서 친 스트로크는 가산하지 않는다). 매치-상대방이 플레이어에게 그 스트로크를 취소하고 다시 치도록 요구할 수 있다.
티잉 그라운드의 구역 외에서 친 볼이 OB 또는 분실하였거나 연못에 들어갔을 때	2	–	스트로크-분실구나 OB 또는 연못에 들어간 것에 대한 벌타는 없이 구역 외에서 친 벌타 2점만 가산한다. 매치-상대방의 요구가 있다면 무벌점으로 하여 다시 친다.
티업한 볼은 구역 내지만 스텐스 또는 몸이 티잉 그라운드 밖으로 나가 있었다면	–	–	볼이 티잉 그라운드 구역 내라면 상관 없다.
경기 도중 어느 홀에서 티잉 그라운드 혹은 티 마커를 잘못 알고 티샷을 하였다.	2	–	스트로크-2벌타 후, 구역 내에서 다시 3타째 친다(구역 외에서 친 스트로크는 가산하지 않는다). 매치-다시 칠 것을 요구할 때에는 재티업을 한다.
잘못 친 볼을 그대로 치기가 힘들 때 언플레이블을 부르면 티업할 수 있는가?	1	홀패	벌타 1점을 가산하고 티잉 그라운드에서 3타째 티샷을 하면 된다.
스윙 전 클럽헤드로 조정하다 볼이 티에서 떨어졌을 때	–	–	아직 인 플레이가 되지 않은 볼이기 때문에 벌점 없이 다시 티에 올려놓고 친다.
티업하고 볼의 뒷면 잔디를 발로 다졌다.	–	–	인 플레이가 되지 않은 볼이기 때문에 벌점 없이 다시 티에 올려놓고 친다.
티오프할 때 목표 방향을 표시하기 위해 클럽이나 물건으로 볼 앞에 표식을 하고 볼을 쳤다.	2	홀패	표시는 스트로크하기 전에 없애야 한다.

* Through The Green

상 황	벌 타		처 리 방 법
	Stroke	Match	
백스윙하는 도중에 움직인 볼이 아직 움직이고 있는데 이를 친 경우	1	1	어드레스 후에 움직인 것이기 때문에 벌점 1타를 가산한다.
나무 뿌리 속에 박혀 있어 도저히 샷을 할 수 없다.	1	1	언플레이어로 구제 조치에 의한 벌타 1타를 가산하고, ① 볼을 앞서 플레이한 곳의 되도록 가까운 장소에서 친다. ② 홀과 볼이 있었던 지점을 연결하는 직선상으로 전 위치보다 후방에 거리의 제한 없이 드롭할 수 있다. ③ 볼이 있는 곳에서 2클럽 길이 이내로 홀에 근접하지 않은 지점에서 드롭할 수 있다.
볼이 수리지에 들어 갔을 때	–	–	① 홀과 가깝지 않은 곳에 1클럽 이내에 드롭할 수 있다. ② 그대로 플레이하여도 무방하다 (플레이어 자신의 결정). ③ 로컬 룰로 플레이를 금지할 경우는 1항에 따른다.
페어웨이에 있는 볼을 새나 동물이 물고 가서 없어졌을 때	–	–	합리적인 증거가 있는 경우 볼이 있던 지점에서 가장 가깝게 드롭하고 친다. 그러나 추측만으로는 분실구 처리를 하여야 한다.
남의 볼을 자기 볼인 줄 알고 쳤다.	2	홀패	오구로 플레이한 타수는 스코어에 계산하지 않고 정구를 플레이하거나 규칙에 의한 처리를 하여야 한다.
볼의 상처가 심해 무단으로 볼을 교체하였다.	2	홀패	동반자의 입회 아래 볼을 교체할 때에는 무벌타지만 무단으로 교체할 경우에는 2벌타를 가산한다.
친 볼이 자신의 Bag에 맞았다.	2	홀패	2홀패2벌타 후 볼이 정지한 지점에서 플레이를 재개한다.

상 황	벌 타		처 리 방 법
	Stroke	Match	
친 볼이 동반 Player의 Bag에 맞았다.	–	–	벌 없이 볼이 정지한 지점에서 플레이를 재개한다.
친 볼이 공동 카트에 맞았다.	2	홀패	2벌타 후 볼이 정지한 지점에서 플레이를 재개한다.
볼이 코스 내 움직이는 차량에 떨어져 그대로 실려서 가 버렸다.	–	–	누군가 봤을 때에는 볼이 차에 실린 지점에서 다른 볼로 홀에 가깝지 않은 곳으로 드롭하여 플레이를 재개한다.
플레이 중 앞팀이 밀려서 연습 스트로크를 하였다.	2	홀패	연습스윙은 상관없으나 연습 스트로크는 할 수 없다.
페어웨이에서 볼 주변의 죽은 작은 나뭇가지를 제거하였다.	–	–	죽은 나뭇가지는 루스 임페디먼트이기 때문에 치워도 벌은 없다.
볼 근처의 루스 임페디먼트를 제거하다가 볼을 움직였다.	1	1	1벌타 가산 후 움직인 볼은 원위치로 리플레이스한다.
볼이 진흙에 묻어서 볼을 들어서 닦았다.	1	1	규칙에 의해 허용되는 경우를 제외하고 한 홀에서 자기의 볼을 닦으면 1벌타
지면에 박힌 볼	–	–	페어웨이에 박힌 볼은 그 볼을 집어 홀에 가깝지 않고 원위치에 가장 가까운 곳에 무벌로 드롭한다. 집어 올린 볼은 닦을 수 없다.
본인의 볼을 찾는 도중 실수로 볼을 밟거나 차서 볼이 움직였다.	1	1	정지된 볼이 움직인 것에 대한 1벌타를 가산한다. 움직여진 볼은 원위치로 리플레이스하여야 한다.
본인의 볼을 찾는 도중 실수로 동반자의 볼을 움직이게 했다.	–	–	동반경기자, 그의 캐디, 휴대품이 정지된 볼을 움직이게 한 것에 대한 벌타는 없다. 움직인 볼은 원위치로 리플레이스하여야 한다.
볼이 도로상에 있어 칠 수 없다.	–	–	도로는 인공장애물에 속하기 때문에 홀에 가깝지 않은 곳에 1클럽 범위 안에서 무벌로 드롭하고 친다.
볼을 찾을 때 동반자의 볼을 줍거나 움직이게 했다.	–	–	무벌로 볼을 원위치로 리플레이스한다.

상 황	벌 타		처 리 방 법
	Stroke	Match	
볼이 나무 위에 있어 보이지만 칠 수가 없다.	1	1	언플레이블을 선언하고 1벌타를 가산 후, ① 처음에 친 곳으로 되돌아 가서 친다. ② 나무 밑 지점에서 홀과 가깝지 않은 곳에 2클럽 이내 드롭한다. ③ 홀과 볼이 있었던 지점을 연결하여 후방에 거리 제한 없이 볼을 드롭한다.
볼이 나무 위에 있으나 보이지 않는다.	1	1	누구의 볼인지 모르므로 분실구 처리한다.
나뭇가지 위의 볼을 강제로 떨어지게 했다.	1	1	볼이 움직인 것에 대한 1벌타를 가산한 후 원위치 리플레이스 처리
나뭇가지에 있는 볼을 올라가서 쳤다.	-	-	올라가서 쳐도 무방하나 도중에 볼이 떨어지면 1벌타를 가산한다.
볼의 뒷면 잔디 등을 클럽이나 발로 밟은 행위	2	홀패	고정물이나 생장물을 움직이거나 파손시키는 것은 벌타가 적용된다.
볼이 벙커 고르개에 걸려 이를 치우다 볼이 움직였다.	-	-	무벌로 움직여진 볼은 원위치로 리플레이스한다.
볼이 펜스나 고정 장애물에 걸려 볼을 칠 수 없을 때	-	-	그 장애물을 피하고 홀에 가깝지 않고 볼의 원위치에 가까운 곳으로 벌타 없이 1클럽 이내 드롭하고 친다.
어드레스하다가 볼을 움직였다.	1	1	볼이 움직인 것에 대한 벌타 1벌타를 가산한다. 리플레이스
볼의 위치가 옳지 않아 클럽 페이스 반대편으로 쳤다.			클럽의 페이스 후면으로 치는 것은 무방하다.
친 볼이 두쪽으로 갈려졌다.	-	-	그 스트로크는 취소되어야 한다. 플레이어는 원구를 쳤던 되도록 가까운 지점에서 벌 없이 다시 플레이하여야 한다.
2개의 볼이 같은 장소에 떨어져 상표와 번호가 같아 구분할 수 없다.	1	1	볼 2개를 모두 분실구 처리하고 원위치로 다시 친다.

상 황	벌 타 Stroke	벌 타 Match	처 리 방 법
드롭할 볼이 굴러 OB지역으로 굴러갔다.	–	–	재드롭할 수 있다.
페어웨이에 볼이 나란히 있어 칠 수 없다.	–	–	다른 플레이어의 볼이 자신의 플레이에 방해가 될 염려가 있다고 생각될 경우에 볼을 마크요청할 수 있다.
거리표시 말뚝이 장해가 되어 볼을 칠 수 없다.	–	–	거리표시 말뚝은 움직일 수 있는 장애물이다. 그러므로 말뚝을 뽑고 칠 수 있다. 만일 말뚝을 뽑을 수 없을 때에는 움직일 수 없는 장애물로 처리하여 구제받을 수 있다.
OB경계선의 기준은 어디인가?	–	–	OB선은 말뚝이나 울타리 기둥의 지면에 접한 가장 가까운 안쪽 점에 의하여 결정하며 아웃 오브 바운드의 선은 수직으로 상하에 연장된다.
OB표시 말뚝 때문에 볼을 칠 수 없어 말뚝을 뽑고 쳤다.	2	홀패	OB말뚝은 뽑을 수가 없다(고정되어 있는 것으로 간주함). 칠 수 없을 때는 언플레이어블을 선언하여야 한다.
페어웨이의 고인 물 안에 볼이 있을 때	–	–	캐주얼워터이므로 벌타 없이 드롭할 수 있다. 볼의 위치에서 가장 가깝고, 홀에 근접하지 않는 1클럽 이내 거리에 후방 면으로 드롭하고 친다.
나무를 심기 위해 코스 수리를 이유로 코스 내 파놓은 웅덩이에 공이 빠졌다.	–	–	수리지 표시를 해 두어야 하나 이런 경우는 표시가 없어도 구제받을 수 있다.
페어웨이에 있어야 할 볼이 옆 홀의 다른 플레이어가 와서 치거나 집어갔다.	1	1	그렇게 된 합리적인 증거가 있다면 벌 없이 그 근처에 드롭할 수 있다. 확인이 안 된다면 분실구처리로 1벌타 가산한다.
볼이 배수구에 들어가 없어졌다.	1	1	로컬 룰에 특별히 명시되어 있지 않으면 워터 해저드 처리한다.
페어웨이 내의 배수구로 볼이 들어가 약 20미터 정도 굴러갔다.	1	1	로컬 룰에 특별히 명시가 없으면 1벌타 가산하고 볼이 들어간 홀에 가깝지 않은 곳에 2클럽 내로 드롭하고 친다.

상 황	벌 타		처 리 방 법
	Stroke	Match	
스텐스가 배수구 뚜껑 위에 서야 할 때	1	1	움직일 수 없는 장애물로 벌타 없이 1클럽 이내 홀과 근접하지 않고 볼의 위치와 가까운 곳으로 드롭할 수 있다.
OB나 분실구의 가능성이 있어서 잠정구를 치고 잠정구로 다음 샷까지 한 후 그린 주변에 떨어진 것을 확인했다. 잠정구 쪽 앞으로 가다 원구를 페어웨이나 러프에서 찾았다.	-	-	원구보다 홀에 가까운 곳에서 잠정구로 플레이했다면, 잠정구가 인 플레이 볼이 되어 처음 친 볼은 분실구 처리한다.
실수로 클럽 헤드로 볼을 건드려 움직였다.	1	1	1벌타 후 원위치에 놓고 친다. 리플레이스를 안하고 친다면 2벌타를 추가
볼이 다른 홀 그린에 올라갔다.	-	-	그 그린을 피하고 홀에 가깝지 않고, 볼이 있던 자리에서 가깝게 밖으로 1클럽 이내로 드롭한다.
라운딩 중 가져온 볼을 다 써서 동반자의 볼을 빌려 칠 때	-	-	클럽은 차용이 안 되지만 볼은 차용된다.
6인치 플레이로 옮겨놓고 칠 때 디보트한 흙을 치우고 잔디 위에 놓고 쳤다.	2	-	모래나 흙을 제거하는 것은 라이 개선에 속해 2벌타 가산된다. 그러나 그린에서의 모래나 흙, 나뭇잎은 루스 임페디먼트로 치워도 벌타가 없다.
라운딩 때 Bag에 가지고 다닐 수 있는 클럽의 한계는?	-	-	개수만 14개 이내라면 클럽의 구성은 관계없다.

✱ Water Hazard

상 황	벌 타 Stroke	벌 타 Match	처 리 방 법
볼이 연못(워터 해저드)에 빠졌을 때	1	1	워터해저드에 관한 1벌타를 가산한다. ① 원구를 앞서 플레이한 장소에 되도록 가까운 지점에서 Play ② 볼이 최후로 해저드 구역의 경계를 넘어선 지점과 홀을 연결하는 선상으로 해저드 후방에 드롭한다.
볼이 워터 해저드 표시 구역(물 속도 포함) 안에 들어갔지만 타구가 가능하다면	–	–	클럽을 지면에 대거나 워터 해저드 내의 물에 손이나 클럽을 접촉하면 2벌타를 가산하여야 한다. 위의 경우를 제외하고는 무벌로 타구 가능하다.
워터 해저드의 경계기준은 어디로 하나?	–	–	경계표시의 말뚝과 선은 워터 해저드 구역이다. 볼의 일부가 워터 해저드에 접속하고 있으면 워터 해저드 안의 볼이다.
물에 빠져 같이 흘러내려 가는 볼을 쳤다.	1	1	볼이 수중에 있을 때 한 해 움직이는 볼을 쳐도 무방하다.
볼이 병행, 워터 해저드에 들어갔을 때	1	1	워터 해저드 처리방법 외에 홀에 가깝지 않고 다음 지점으로부터 2클럽 길이 이내 드롭한다. ① 원구가 워터 해저드의 경계를 최후로 넘은 지점 ② 홀로부터 등거리에 있는 워터 해저드 건너편 대안의 경계상의 지점
페어웨이를 횡단하고 있는 작은 개울에 볼이 빠져 OB쪽으로 흘러 들어갔다.	1	1	OB처리한다. 원위치로 되돌아가서 친다.
워터 해저드 표시 말뚝에 볼이 접해 있어 볼을 칠 수 없을 때	–	–	말뚝을 치우고 쳐도 관계가 없다.

상 황	벌 타		처 리 방 법
	Stroke	Match	
물이 없는 해저드에서 볼을 치려고 어드레스할 때 잡초 끝이나 나뭇가지에 클럽 끝이 닿았다.	-	-	스트로크 전에 지면이나 수면에 접촉시키는 것은 안 되지만, 어드레스나 백스윙 때 긴 풀이나 나무에 닿는 것은 무방하다.
워터 해저드 안에 걸려있는 교량 위에 볼이 멈추었을 경우	-	-	워터 해저드 안에 있는 다리는 워터 해저드 구역 안에 있는 장애물이므로 볼이 있는 지점에서 무 벌타로 치거나 워터 해저드 처리를 해서 1벌타를 가산하고 워터 해저드 처리방법에 따른다.

✱ Bunker

상 황	벌 타		처 리 방 법
	Stroke	Match	
백스윙으로 클럽 헤드가 모래에 접촉하는 경우	2	2	벙커에서는 어드레스 또는 백스윙할 때도 클럽이 모래에 닿으면 벌타가 가산된다. 임펙트 시는 모래가 닿아도 무관하다.
벙커 가운데에서 볼을 치기 전에 연습스윙을 했다.	-	-	연습스윙을 해도 된다. 그러나 연습스윙 중 모래를 닿지 않게 하여야 한다.
벙커 샷을 헛스윙해 클럽 솔이 모래에 닿았다.	-	-	벌점은 없으나 샷을 한 것이므로 1타를 가산한다.
볼을 치기 전 벙커 내의 울퉁불퉁한 모래를 평평하게 만들었다.	2	홀패	모래를 테스트한 것으로 간주되거나 라이의 개선으로 간주된다.
벙커에서 친 볼이 다시 벙커에 들어갔기 때문에 처음 친 모래 자국을 평평하게 만들었다.	-	-	플레이어가 벙커에서 첫 번째 쳤을 때, 그 공이 모래를 고른 지점에 굴러 들어오지 않는 한 룰 위반이 되지 않는다. 그러나 다시 친 볼이 평평하게 해 놓은 곳에 떨어지면 라이 개선으로 2벌타를 가산한다.

상 황	벌 타 Stroke	벌 타 Match	처 리 방 법
볼을 칠 때 벙커 내의 작은 나뭇가지나 돌을 주어냈다면?	2	홀패	자기의 볼이 벙커 안에 있을 땐 벙커 내의 루스 임페디먼트에 클럽이 닿거나 치우면 안 된다. -로컬룰로 돌을 제거하는 규정을 만들 수 있다.
벙커 내에서 잘못 알고 남의 볼을 쳤다.	-	-	해저드에서 다른 볼을 쳐도 벌타는 없으며, 다시 자기 볼을 치면 된다. 해저드 안에서 오구를 플레이한 스트로크 수는 계산하지 않는다.
벙커 전체에 물이 차 드롭할 장소가 없다.	-	-	1벌타를 받고 벙커 바깥에 홀과 볼이 놓여 있었던 지점을 연결한 후방 선상의 지점에 드롭한다.
벙커에서 친 볼이 깃대에 맞았다.	-	-	볼이 정지한 곳에서 친다.
벙커에 볼이 두개가 접해져 있을 경우	-	-	플레이에 방해가 된다면 마크를 요구할 수 있음. 핀에서 먼 볼부터 플레이하며, 마크하였던 볼을 리플레이스할 때 모래 상태가 변했을 경우 원 상태로 복원해야 한다.
볼이 모래에 묻혀 있어 분별하기 어려울 때	-	-	해저드 내에서는 볼이 모래에 엎어져 있다고 생각될 때 볼의 일부가 보이도록 제거할 수 있다. 과도하게 제거해도 벌은 없으나, 볼의 일부만 보이도록 다시 덮어두어야 한다.
벙커 고르개에 볼이 멈췄다.	-	-	벙커 고르개는 움직일 수 있는 장애물이라서 치워도 된다. 치우다 움직이면 벙커로 볼이 들어갔더라도 리플레이스하면 된다.
벙커 안의 벙커 턱 아래에 볼이 있어 도저히 할 수 없다.	-	-	언플레이어블을 선언하고 벌타 1벌타 가산한다.
벙커에서 볼을 임펙트하고 팔로우 스루할 때 볼이 클럽에 다시 맞았다.	1	1	벙커뿐만 아니라 1스트로크로 볼이 2번 클럽에 맞으면, 1벌타 가산하고 친 타수 1타로 계산하여 스코어로 2타 계산된다.

상 황	벌 타		처 리 방 법
	Stroke	Match	
벙커에서 친 볼이 그린 위 다른 볼에 맞았다.	–	–	스트로크 플레이에서는 벙커 샷의 볼은 멎어있는 지점에서 플레이를 계속하고, 만약에 홀인이 되었다면 홀인으로 인정한다. 그린 위에 있던 볼은 리플레이스해야 한다.
벙커에서 친 볼이 벙커 턱에 맞고 튀어서 자신의 몸에 닿았다.	2	홀패	자기 몸뿐 아니라 클럽, 휴대폰, 자기 캐디에 맞아도 같이 처리하며 볼은 정지한 곳에서 친다.
벙커에서 친 볼이 인공장애물을 맞고 다시 벙커로 들어왔을 때	–	–	인공장애물에 맞은 것에 대한 벌타는 없으며 멎어 있는 곳에서 친다.
벙커에서 친 볼이 앞 흙더미에 맞고 벙커 안의 본인 발에 기대어 정지하였는데 발을 떼자 볼이 움직였다.	2	홀패	2홀패발이 움직이면서 볼이 움직인 것의 벌타는 없으며, 본인 신체에 접촉된 것에 대한 2벌타를 가산하고, 볼은 제자리에 리플레이스한다.

 벙커 안에서 언플레이어 볼처리

1. 앞서 플레이 한 원위치
2. 볼과 핀을 연결하는 직선 후방(벙커內)
3. 볼에서 2 클럽 길이 이내의 홀에 가깝지 않은 지점에 드롭할 수 있다(벙커內).

✻ Green, Approach

상 황	벌 타		처리방법
	Stroke	Match	
그린 밖에서 친 볼이 그린에 있는 볼을 맞추었을 때	–	–	스트로크플레이, 매치플레이에서는 맞힌 볼은 정지한 곳에서 맞혀진 볼은 원위치에 리플레이스해야 한다.
그린 밖에 친 볼이 구르는 것을 동반자가 클럽으로 막았다.	2	홀패	다시 스트로크하여야 한다. 동반 경기자에게 벌점 2점이 부가되고 플레이어는 벌점 없이 다시 친다.
그린 밖의 볼보다 그린에 있는 볼을 홀에서 밀어 먼저 쳤다.	–	–	홀에서 먼 거리의 볼부터 플레이를 한다. 스트로크에서는 그린 밖의 볼부터 쳐도 벌타는 없다. 매치에서는 그린 밖의 볼을 먼저 쳤을 경우 상대가 원하면 벌점 없이 리플레이스 하고 다시 친다.
그린 밖에서 친 볼이 핀과 홀컵 사이에 끼어 있으나 아직 홀인된 상태는 아니다.	–	–	홀인으로 인정하지 않는다. 단 핀을 약간 뽑아서 홀 안으로 떨어진다면 홀인으로 인정한다.
그린 밖의 볼이 핀을 향해 가는데 상대방이 플레이어의 승인 없이 핀을 뽑아 들어가지 않았다.	2	홀패	핀을 뽑은 사람에게 2벌타를 가산한다. 그린 밖에서의 볼은 플레이어가 원하지 않으면 핀을 뽑지 않는다.
그린 밖에서 동시에 친 볼이 서로 충돌하였다.	–	–	스트로크에서는 양쪽이 멈춘 자리에서 친다. 매치에서는 홀에 먼 플레이어가 다시 칠 것을 원하며 홀에 가까운 플레이어는 다시 칠 수 있다.
그린 밖에서 칠 때 그린에 있는 볼을 마크해 달라고 했다.	–	–	마크를 요구할 수 있고 만약 상대가 거절한다면 그 사람은 스트로크에서는 실격, 매치에서는 홀패가 된다.
그린 밖에서 캐디에게 핀을 들고 서 있게 했다.	–	–	들고 서 있게 해도 된다.
그린의 핀 위치가 보이지 않아 동반자에게 위치를 물어봤다.		–	물어 볼 수 있다.

상 황	벌 타		처 리 방 법
	Stroke	Match	
그린 밖에서 친 볼이 그린에 있는 볼을 맞혔으나 그린에 있던 볼의 위치를 모른다.	-	-	그린 밖의 볼을 멈춘 곳에서 그린 위의 볼은 원위치에 가장 가까운 장소에 플레이스한다.
사용하지 않은 그린에 볼이 떨어졌다.	-	-	목적 외 그린에 공이 있을 경우 그 그린을 피하고 홀에 가깝지 않고, 그 볼에 가장 가까운 곳으로부터 1클럽 이내 드롭한다.
볼을 찾을 수 없어 다시 친 볼로 홀아웃을 하고 난 뒤 먼저 친 볼을 찾았다.	-	-	홀 아웃하고 나면 먼저 친 볼은 (분실구) 찾아도 무효이다.
사용하지 않은 그린에서 9번 아이언으로 볼을 쳤다.	-	-	제너럴 룰에는 사용하지 않는 그린은 스루더그린의 일부이기 때문에 로컬룰에 규제가 없으면 어떤 클럽으로 쳐도 된다.
그린에서 볼을 칠 때 마다 마크하고 볼을 닦거나 다시 놓았다.	-	-	그린에서의 필요에 의해 몇 번이건 원하는 만큼 볼을 닦을 수 있다. 단, 마크를 반드시 하여야 하며, 마크를 안하고 볼을 집으면 1벌타를 가산한다.
그린 위에서 볼이 흠이 생긴 것을 발견하고 볼을 교체했다.	-	-	흠이 난 상태가 명백히 플레이에 부적합하여야 하고 동반자가 그 사실을 인정하며 무벌로 교체할 수 있다.
그린과 에이프런의 볼은 어느 부분에 있을 때부터 그린 온인가?	-	-	볼의 닿는 밑면이 조금이라도 그린에 닿아 있다면 볼의 윗부분이 에이프런에 있어도 그린 온으로 인정한다.
마크해서 집은 볼을 캐디에게 닦아달라고 전달할 때 굴려서 건네 주었다.			원칙적으로는 벌이 없다. 그러나 그린테스트로 인정할 때에는 벌점 2타가 부가된다. 그린에서 볼을 굴리는 것은 좋은 행위가 아니다.
그린에서 깃대가 꽂힌 상태로 퍼팅을 하다 볼이 핀에 맞았다.	2	홀패	그린에서 플레이할 때 볼이 핀에 닿으면 2벌타 부과되고 볼이 멈춘 자리에서 치면 된다.

상 황	벌 타		처 리 방 법
	Stroke	Match	
캐디가 없어 상대방에게 핀을 뽑아 달라고 했는데 잊고 핀을 뽑지 않아 볼이 핀에 맞았다.	2	홀패	깃대를 뽑지 않은 책임을 상대에게 돌릴 수는 없다. 볼을 친 플레이어에게 2벌타를 가산한다.
깃대를 잡고 퍼팅을 하다가 볼이 깃대에 맞았다.	2	홀패	깃대를 잡고 치는 것은 벌점이 없다. 핀에 맞은 것에 대한 2벌타만 가산한다.
퍼팅한 볼이 그린 위에 놓여진 깃대에 맞았다.	2	홀패	핀을 맞은 벌타 2벌타를 가산하고 볼은 멈춘 곳에서 친다.
앞 팀이 깃대를 꽂아 두는 것을 잊어서 그린에 놓아둔 깃대에 볼이 맞았다.	–	–	이 경우에 깃대는 장애물이기 때문에 벌타는 없다.
깃대가 기울어져 꽂혀 있는데 퍼팅을 하였다.	–	–	무방하다. 그러나 깃대에 맞으면 벌점 부과한다.
볼 옆에 나뭇잎이 있어 그것을 제거하다 볼을 건드렸다.	–	–	그린에서는 루스임페디먼트를 제거하다 볼이 움직여도 벌타는 없다. 다만, 볼은 제자리에 리플레이스한다.
볼 앞의 퍼팅 선상에 물이 고였다.	–	–	캐주얼 워터로 무벌로 옮길 수 있으며 볼이 있던 자리에 가장 가깝고 홀과 먼 장소에 플레이스한다.
그린에서 퍼팅을 하다 정지되어 있는 볼을 맞추었다.	2	홀패	스트로크 플레이에서는 2벌타 후 멈춘 자리에서 치고 상대방은 리플레이스한다.
퍼팅을 하다 동반자의 볼을 맞고 홀인되었다.	2	홀패	스트로크 플레이에서는 홀인으로 이정되나 2벌타 가산한다. 상대방의 볼이 움직였다면 리플레이스한다.
퍼팅을 하다 동반자의 볼을 맞추어 동반자의 볼이 홀인되었다.	2	홀패	스트로크는 맞춘 사람에게 2벌타를 가산하고 멈춘 곳에서 치고 상대는 홀인으로 인정하지 않고 리플레이스한다.
그린 밖에서 친 볼이 그린에 있는 볼을 맞추고 홀인되었다.	–	–	그린 밖에서 친 볼은 무벌로 홀인으로 인정되고 그린에 있던 볼은 리플레이스한다.

상 황	벌 타		처 리 방 법
	Stroke	Match	
그린에서 동시에 쳐서 볼끼리 맞았다.	-	-	스트로크 플레이에서는 양쪽 다 벌점 없이 다시 쳐야 하고 매치플레이에서는 양쪽 다 공이 멎은 상태에서 치던가 원구선 타에 따라 다시 칠 것을 요구할 수 있다.
그린 위에서 먼저 퍼팅한 사람의 볼이 아직 움직이고 있는 상태에서 퍼팅을 하였다.	2	홀패	그린에서는 먼저 친 볼이 움직이는 상태에서 볼을 쳐서는 안 된다.
그린에서 홀과 거리가 같은 두 개의 볼을 약간의 차이로 거의 동시에 쳐서 그 중 한 개의 볼이 홀인되었다.	2	홀패	스트로크에서는 약간이라도 나중에 친 사람에게 2벌타를 가산하고 양측은 리플레이스하고 다시 친다.
먼저 친 홀인된 볼을 꺼내기 전 다음에 친 사람의 볼이 홀인되어 홀 컵 안에서 부딪쳤다.	-	-	먼저 친 볼이 홀인되어 있는 상태는 홀아웃으로 인정되기 때문에 나중에 친 볼이 홀 컵 안에서 부딪쳐도 무관하다.
뒤 팀의 볼이 그린에 있어 마크를 하고 퍼팅을 했는데 마크해 놓은 볼에 맞추고 홀인되었다.	-	-	뒤 팀의 볼은 국외자로 취급하여 벌점이 없으며, 홀인으로 인정한다.
퍼팅을 했는데 뒤 팀의 볼이 날아와 볼을 맞추었다.	-	-	국외자에 의한 장애로 인하여 그 퍼팅은 취소되고 볼은 리플레이스하여 다시 친다.
핀 근처의 볼이 마크가 끝나지 않은 상태에서 볼을 치다 마크 중이던 볼을 맞추었다.	2	홀패	스트로크에서는 친 사람의 부주의로 인정하여 2벌타를 가산하고 멈춘 곳에서 치면 된다.
바람에 의해 볼이 움직였다.	-	-	바람에 의해 공이 움직이면 멈춘 곳에서 무벌로 친다. 만일 홀인이 되었다면 홀인으로 인정한다.
그린의 볼 라인 선상에 스파이크 자국을 고치고 퍼터로 평평하게 땅을 고른다.	2	홀패	그린의 볼 낙하 흔적, 먼저 쓰던 홀 컵 자국 등은 볼 라인에 있으면 수리할 수 있다.

상 황	벌 타		처 리 방 법
	Stroke	Match	
그린 위의 나뭇잎이나 나무조각, 모래 등 잡물을 제거했다.	-	-	그린에서 모래, 나뭇잎, 나무조각 등은 루스임페디먼트 안으로 플레이에 장애가 된다면 라인에 있어도 무벌로 제거할 수 있다.
매치플레이에서 OK를 받은 후 퍼팅을 해서 홀인되지 않았다.	-	-	홀아웃으로 인정한다. 매치플레이에서는 다음 스트로크를 면제해 줄 수 있으며 그 양보는 사절하거나 철회할 수 없다.
홀아웃 후에 그린에서 퍼팅 연습을 하였다.	-	-	종료 후 그린이라면 벌타는 없지만 뒤 팀에 기다리게 하는 불편을 주어서는 안 된다.
그린에서 홀아웃 후 다음 홀의 티잉 그라운드전에서 연습 치핑을 하였다.	-	-	코스 내에서 연습 스트로크가 금지된 곳은 해저드, 벙커, 앞으로 플레이할 남은 그린 등으로 이곳에서 연습 볼을 치면 스트로크 플레이에서는 2벌타, 매치플레이에서는 홀패가 된다. 따라서, 타인에게 폐를 끼치지 않은 한도에서 약간의 연습 치핑은 허용된다.
본인의 퍼트라인을 본인의 발로 밝은 상태에서 퍼팅하였다.	2	홀패	자신의 퍼팅라인을 밟고 서는 것은 위반으로 2벌타를 가산한다.
타인의 퍼팅라인을 밟았다.	-	-	벌타는 없으나 에티켓으로는 상당한 실례이다.
짧은 거리의 볼을 홀 컵 건너편에서 끌어들이듯이 해서 홀인을 시켰다.	2	홀패	한 손으로 치는 것은 무방하다. 클럽으로 볼을 끌거나 미는 행위는 허용되지 않는다.
마크를 하지 않고 볼을 주었다.	1	홀패	스트로크 플레이에서는 1벌타하고 리플레이스하고, 리플레이스하지 않으면 2벌타이다. 매치플레이에서는 그 홀의 패가 된다.

쉽게 보는 골프 룰 & 용어

"아웃 오브 바운드"라 함은 플레이가 금지된 구역을 말한다.

아웃 오브 바운드를 말뚝이나 울타리를 기준으로 표시할 경우 볼이 말뚝이나 울타리를 넘었는가를 문제로 할 때 그 아웃 오브 바운드의 선은 말뚝이나 울타리(지주를 포함하지 않은) 기둥의 지면에 접한 가장 가까운 안쪽 점에 의하여 결정된다.

아웃 오브 바운드가 지상의 선으로 표시되었을 때 그 선 자체가 아웃 오브 바운드이다. 아웃 오브 바운드의 선은 수직으로 上下에 연장된다.

볼의 전체가 아웃 오브 바운드에 있을 때는 아웃 오브 바운드의 볼이 된다. 플레이어는 코스 內에 있는 볼을 플레이하기 위하여 아웃 오브 바운드에 설 수 있다.

■OB선의 기준

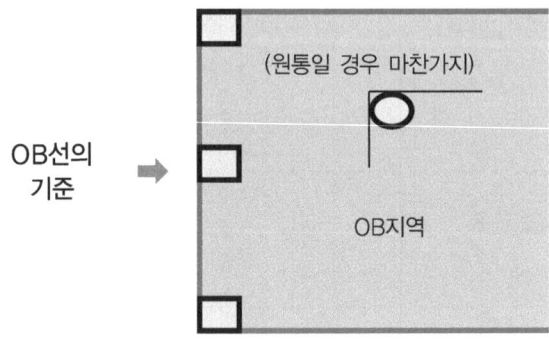

■ OB볼의 예

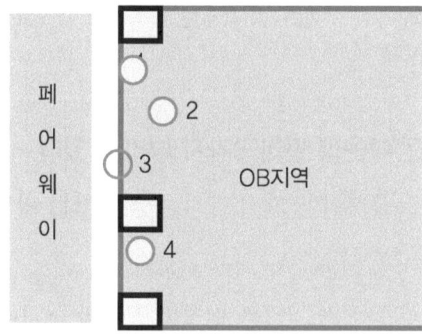

OB기준선은 빨간선 기준 따라서 OB가 아닌 볼은 1, 3번 (볼이 빨간선에 접촉되면 OB가 아니다)
2, 4번 볼은 OB이다.

■ OB볼의 판단

볼이 정지된 상태에서 판단한다(OB선상을 통과해도 정지된 상태에서 OB기준선에 따라 판단한다).

1) 골프 룰 - 제25조 워터 해저드(래터럴 워터 해저드 포함)

■ "워터 해저드"란

모든 바다, 호수, 못(池), 하천, 도랑, 배수구의 표면 또는 뚜껑이 없는 워터 해저드 구역 경계 내의 모든 지면, 수면은 그 워터 해저드의 일부분이다. 워터 해저드의 경계선은 수직으로 그 위 아래까지 연장 적용된다. 워터 해저드 구역의 경계를 표시하는 말뚝과 선은 해저드 안이며, 그러한 말뚝은 장애물이다. 볼이 워터 해저드 내에 놓여 있거나 볼의 일부가 워터 해저드에 접촉하고 있으면 워터 해저드 안의 볼이다.

注 1. 워터 해저드는 황색(黃色) 말뚝이나 선으로 한계를 표시하여야 한다.

注 2. 래터럴 워터 해저드의 구역한계는 적색(赤色)말뚝이나 선으로 한계를 표시하여야 한다.

■워터 해저드 드롭방법은 다음과 같이 3가지 방법이 있다.

1. 원구를 친 장소(최후로 플레이한 지점)에서 플레이하는 방법(1벌타)
2. 깃대(홀)와 최후로 볼이 들어간 지점을 연결한 직후방 어디에서나 드롭해서 플레이하는 방법(1벌타)
3. 볼이 들어간 장소에서 칠 수 있는 가능성이 있을 경우 클럽을 지면에 닿지 않고 하는 방법(무벌타) 단, 클럽이 지면에 닿을 경우 2벌타

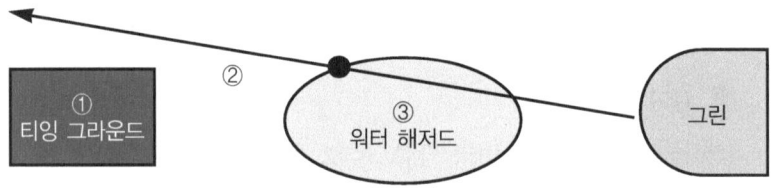

■래터럴 워터 해저드 드롭 방법은 다음과 같이 5가지 방법이 있다.

1. 원구를 친 장소(최후로 플레이한 지점)에서 플레이 하는 방법(1벌타)
2. 깃대(홀)와 최후로 볼이 들어간 지점을 연결한 직후방 어디에서나 드롭해서 플레이 하는 방법(1벌타)

3. 볼이 들어간 장소에서 칠 수 있는 가능성이 있을 경우 클럽을 지면에 닿지 않고 하는 방법(무벌타) 단, 클럽이 지면에 닿을 경우(2벌타)
4. 볼이 들어간 지점에서 드롭해서 플레이하는 방법 단, 드롭할 때 홀에 가깝지 않게 2클럽 길이 이내 드롭한다.
5. 볼이 들어간 반대편 지점에서 4번 방법과 동일

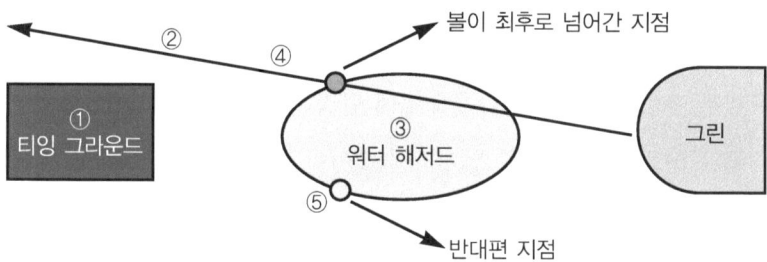

2) 골프 룰 - 수리지에 볼이 들어갔을 경우

수리지는 보통 청색 말뚝 혹은 백색선으로 표시되어 있다. 표시가 없어도 다른 곳으로 옮기기 위해 일시적으로 쌓아둔 물건(공사자재 등)이나 그린 키퍼가 만들어 놓은 구멍 등도 수리지에 포함된다.

볼이 수리지에 들어가면 카트도로에 멈춰 있을 경우와 마찬가지로 벌없이 구제를 받을 수 있다.

드롭 지점은 아래의 그림처럼 홀에 근접하지 않고, 수리지를 피할 수 있으면서 볼이 멈춰 있는 위치에서 가장 가까운 지점을 결정, 그곳에서 한 클럽 범위 이내다.

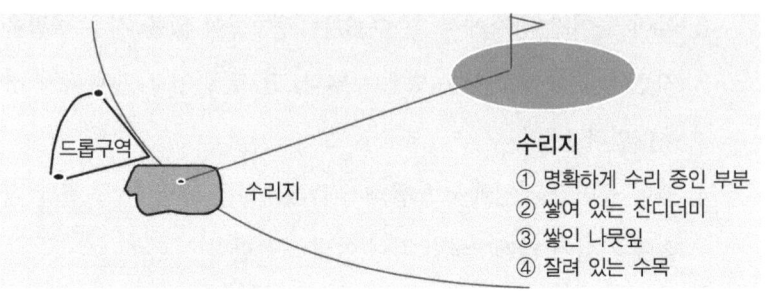

■ 해당 조항

캐쥬얼 워터, 수리지 혹은 구멍을 파는 동물이나 파충류, 조류가 만든 구멍에서 나온 흙더미에 볼이 멈춰 있거나 또는 닿아 있을 경우 혹은 코스 위의 그러한 상태가 플레이어의 스탠스나 의도하는 스윙 구역에 방해가 되면 장애가 발생한 것으로 본다(규칙25-1a).

3) 골프 룰 - 수리지에 들어간 볼이 발견되지 않을 때는

■ 수리지에 들어간 볼이 발견되지 않을 때

이러한 경우를 판단하는데 가장 중요한 점은 볼이 수리지에 들어간 것이 명확한가에 달려 있다.

캐디 혹은 제3자가 목격하면 문제가 없지만, 방향으로 보아 '아마 들어갔을 걸' 하는 정도는 구제를 받을 수 없고 분실구로 처리해야 한다.

합리적으로 입증되면 볼이 최후에 수리지에 경계를 횡단한 지점을 기준으로 니어리스트 포인트를 결정해 앞에서 지적한 지점에 벌없이 볼을 드롭하면 된다.

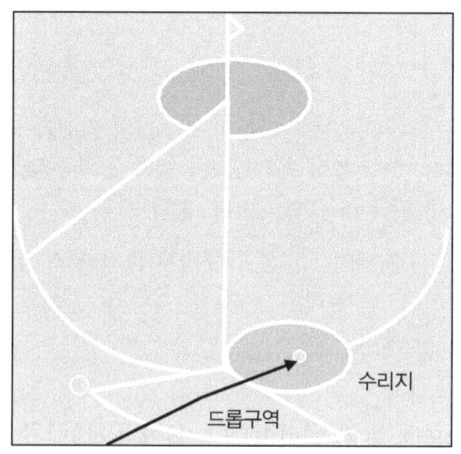

■해당 조항

본항 a에 기재한 상태의 장소를 향해 친 볼이 발견되지 않으면, 그러한 상태의 장소에서 분실했는가의 판정은 사실 문제에 속한다. 그러한 장소에서 볼이 분실된 것으로 처리하려면 합리적으로 입증하는 것이 필요하다.

합리적으로 입증되지 않으면 그 볼은 분실구로 처리해야 하며 그때는 제27조를 적용한다(규칙25-1c).

4) 골프 룰 - 스루더 그린에서의 룰

1. 모래 고무래를 치울 때 볼이 움직여 버렸다. C양이 친 볼이 모래 고무래 밑에 들어가버렸다. C양이 고무래를 치우려고 했더니 볼이 30cm쯤 움직였다.

■ **처 리**

고무래는 움직일 수 있는 장애물이므로 샷의 방해가 되는 경우에는 움직여도 된다. 이때 볼이 움직였으면 벌타 없이 원위치에 리플레이스하지 않으면 안 된다(규칙 제20조 3항).

이 점에 대해서 낙엽이나 마른 나뭇가지 등의 루스 임페디먼트와는 다르므로 주의하기 바란다.

2. 카트 도로에 볼이 멎어버렸다. D씨의 제1타가 코스의 왼쪽 사이드 카트 도로의 오른쪽에 멎었다. D씨는 볼을 집어올려서 홀에 가까이 가지 않고 도로의 안쪽(페어웨이쪽)에 드롭했다.

■ **처 리**

카트 도로는 룰에서 움직일 수 없는 장애물이며 여기에 볼이 멎었을 경우에는 ⓐ 홀에 가까이 가지 않고 ⓑ 도로의 장애물을 피할 수 있는, ⓒ 볼이 있었던 곳에서 가장 가까운 지점을 골라서 1클럽 길이 이내에 벌타없이 드롭한다(규칙 제24조2항). 이 경우처럼 도로가 홀과 평행하고 있는 경우, 드롭 에어리어를 결정하는 것은 ⓒ에 해당된다.

도로의 좌우가 러프이든 페어웨이든 관계없이 그 장애물을 피할 수 있는 지점에서 또한 멎어있는 볼에서 가장 가까운 곳에 드롭하면 된다.

3. 작업용 차량에 맞은 볼이 OB지역으로 들어갔다. 나이스샷으로 잘 날아가던 A씨의 볼, 그런데 훨씬 전방의 페어웨이에서

작업하고 있던 차량에 볼이 맞아 크게 튕겨져서 OB 구역으로 들어가 버렸다.

■ 처리

작업차량은 국외자(局外者)이다. 따라서 이 경우는 러브 오브 더 그린이 되어서 『그 볼은 있는 그대로의 상태에서 플레이하지 않으면 안 된다.』(규칙 제19조1항)

A씨의 볼은 OB가 되어 1벌타를 가해서 전 위치에서 다시 치지 않으면 안 된다.

작업차량이 방해가 될 경우에는 미리 비켜 달라고 요구하고 치는 것이 현명하다.

4. 볼이 나무뿌리에 끼었는데 받침목이 있으므로 구제받고 싶다.
B씨의 볼이 나무뿌리에 끼어서 칠 수 없다. 그러나 그 나무에는 받침목이 딸려 있었다. 받침목은 『움직이지 못하는 장애물』이므로 구제받을 수 없다고 생각했다.

■ 처리

나무를 보호하기 위한 받침목은 『움직이지 못하는 장애물』이며 이것에 의해서 플레이가 방해되는 경우는 구제받을 수 있다. 즉 벌타없이 볼을 집어올려서 드롭한다. 그러나 『움직이지 못하는 장애물』 이외의 물건(이 경우는 나무뿌리)에 의한 장애이므로 스트로크를 행하는 것이 무리인 것 같은 경우는 구제받을 수 없다(규칙 제24조 2항). B씨는 언플레이어블로 처리하게 된다. 또 이상한 스탠스 등에 의해서 『움직이지 못하는 장애물』에서 구제받는 일도 인정되지 않는다.

5) 골프 룰 - 볼이 나무에 걸렸을 때(언플레이어블 선언)
■본인 것 확인 안 되면 '분실구'

▶ 본인 볼임을 확인했을 경우

나뭇가지에 걸려있는 볼이 본인 볼임을 확인했을 경우에는 두가지 처리방법이 있다. 칠수 없는 상황이라면 언플레이어블을 선언한다. 박세리가 일본투어 군제컵 2라운드에서 경험한 상황이다. 1벌타를 부가한 후 볼의 바로 밑을 기점으로 2클럽 길이 이내 또는 후방선상에 드롭하고 치든가, 직전 샷을 했던 지점으로 가서 친다. 아마추어들은 이 방법을 택하는 것이 무리하지 않는 길이다.

칠 수 있는 상황이라면 그 상태에서 치면 된다. 물론 벌타는 없다. 김종덕은 지난해 일본대회에서 볼이 가까이에 있어 나무에 올라가지 않고 클럽을 쳐들어 친 적이 있다고 했다. 볼을 건드리지 않으면 나무 위에 올라가서 칠 수도 있다. 그러나 볼을 치려다가 도중에 볼이 떨어지면 인플레이볼을 움직인 결과가 된다. 1벌타를 받은 후 볼을 제자리에 갖다 놓아야 한다.

▶ 볼이 확인되지 않거나 안 보일 때

볼이 나무 위에 떨어진 것은 확실하다. 그러나 너무 높이 있어 5분 이내에 본인 볼임을 확인하지 못했다. 나뭇잎이 무성해 볼이 아예 안 보일 수도 있다. 이 경우는 언플레이어블을 선언할 수 없다.

'분실구'로 처리해야 한다. 분실구가 되면 1벌타 후 전 위치로 돌아가서 쳐야 한다.

▶ 볼을 인위적으로 떨어뜨렸을 때

 나뭇가지를 잡아 휘거나 클럽을 휘둘러 볼을 떨어뜨린 경우에는 어떻게 되는가. 고의로 인플레이볼을 움직였기 때문에 일단 1벌타를 받는다. 그런 다음 볼을 원위치에 갖다 놓아야 한다.

 1벌타만 받고 볼을 리플레이스하지 않으면 오소 플레이가 된다. 볼을 나무 위 제자리에 놓은 다음에는 그냥 치든가, 언플레이어블을 선언하든가 해야 한다. 언플레어어블 선언 후에는 볼을 떨어뜨려도 상관없다.

6) 골프 룰 – 볼이 페어웨이 外 경사면에 박힌 경우

문) 페어웨이가 아닌 법면 등 러프에 볼이 박혔을 경우의 처리방법은 어떻게 됩니까? 비가 온 다음날 골프를 치면 코스가 물러서 그런 경우가 많이 생깁니다.

답) 코스가 축축한 경우 낙하충격으로 인해 자체의 피치마크에 볼이 박히는 경우가 의외로 많습니다. 포인트는 볼이 코스의 '어디에서 박혔느냐' 입니다. 규칙에서는 잔디를 '짧게 깎은 구역' 내에서만 무벌타 드롭을 허용하고 있습니다(25조 2항). 짧게 깎은 구역이라 함은 페어웨이로 생각하면 됩니다. 즉 페어웨이에서 지면에 박힌 볼은 원위치에서 가장 가깝고 홀에 접근하지 않는 지점에 무벌타 드롭하면 됩니다. 그땐 볼도 얼마든지 닦을 수 있습니다.

 그러나 볼이 숲속으로 들어갔거나 법면 등의 러프에 박혔을 때는 문제가 다릅니다. 러프나 숲속은 페어웨이만큼 잔디를 '짧게 깎은 구역'이 아닌게 분명합니다. 따라서 이때는 그대로 치거나 언플레이어블(칠 수 없다고 생각될 때)을 선언하는 수밖에 없습니다.

이 같은 규칙의 의미는 형평성과 합리성에 있습니다. 숲속이나 러프에 박힌 볼까지 구제해주면 미스샷에 대한 대가가 없는 셈이고 또 분쟁의 소지도 너무 많습니다. 숲속 나무 옆에 떨어져 스윙을 할 수 없는데도 볼이 박혔다고 드롭하면 코스가 너무 시끄러워지겠지요. 단, 장마철 등 특수한 날에는 로컬룰로 러프나 숲속에서도 무벌타 드롭을 허용할 수 있습니다.

7) 골프 룰 - 멈춘 볼이 바람에 홀인

문) 1999년 5월 끝난 핀크스컵 한·일여자 골프 대항전에서 바람 때문에 해프닝이 있었다.

답) 대회 둘째 날인 5일에는 바람이 초속 4m 정도로 세게 불었습니다. 일본 선수 요네야마 미도리는 13번홀(파·3백59야드)에서 세 번째 샷을 그린에 올린 뒤 파퍼팅을 했습니다.

퍼팅한 볼은 홀 앞2~3cm 앞에 멈추었습니다. 요네야마가 마무리 퍼팅(보기퍼팅)을 하려고 걸어가고 있을 때, 때마침 바람이 불어와 볼이 홀 속으로 사라졌습니다. 이 경우 스코어는 파로 계산됩니다. '국외자'가 일부러 그런 것이 아니기 때문에 리플레이스하지 않고 전타(파퍼팅)로 홀아웃한 것으로 간주됩니다.

규칙 18조에 보면 바람과 물은 국외자가 아니라고 되어 있습니다. 이 경우와 달리, 만약 볼이 '홀 가장자리에 걸려있는 상황'이었다면, 플레이어가 볼에 다가간 후부터 10초 동안 기다릴 수 있습니다.

| 참 고 | 局外者(Outside Agency) |

"국외자란 매치에 관계없는 사람과 사물을 말하며, 스트로크 플레이에서는 그 경기자의 사이드에 속하지 않는 사람과 사물"을 말한다. 심판원, 마커, 옵져버, 그리고 포어캐디는 국외자이다. 바람과 물은 국외자가 아니다.

8) 골프 룰 – 카트도로에 볼이 멈추면

문) 카트도로에 볼이 멈추면..

답) 보통 카트도로는 아스팔트나 시멘트로 포장돼 있으므로 여기에 볼이 멈춰 있거나 스탠스가 걸쳐 있는 경우는 벌없이 '움직일 수 없는 장애물'의 구제받을 수 있다. 구제 방법은 홀에 근접하지 않고 그 장애를 피할 수 있으며 볼이 멈춰 있는 지점에서 가장 가까운 장소를 정해 마크한다. 이후 그 곳에서 홀에 근접하지 않는 클럽 이내의 지점에 볼을 드롭한다.

| 참 고 | 장애물 |

'장애물'이란 대부분의 인공물을 말하는데 도로나 통로의 인공 표면 혹은 측면 부분 및 인공 얼음을 포함한다(용어의 정의31).

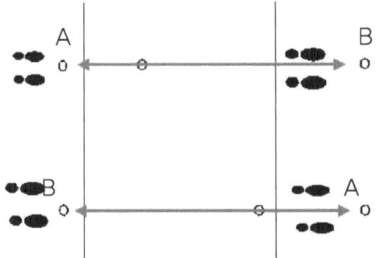

1. 볼을 주워 올리기 전에 마크한다.
2. 니어리스트 포인트를 정하고 그것을 티나 동전 등으로 마크한다.
3. 니어리스트 포인트보다 홀에 근접하지 않는 한 클럽 범위 이내의 지점에 드롭

▶ 니어리스트 포인트 결정법

볼을 드롭할 때 가장 중요한 것은 드롭 지점을 결정하는 기점인 니어리스트 포인트를 정확하게 정하는 것이다. 니어리스트 포인트는 볼이 멈춰 있는 위치보다 홀에 근접하지 않고 그 장애를 피할 수 있으며 볼이 멈춰 있는 위치에서 가장 가까운 장소를 말한다. 대부분의 아마추어는 드롭 지점을 정할 때 볼이 멈춰 있는 지점에서 한 클럽 범위(혹은 2클럽 범위) 이내로 생각하지만 이것은 잘못이다. 어디까지나 니어리스트 포인트를 기점으로 드롭 지점이 결정된다.

따라서 카트도로는 위 그림처럼 볼이 어디에 멈춰 있는가에 따라 니어리스트 포인트가 달라지므로 필연적으로 드롭 지점도 도로의 오른쪽이나 왼쪽으로 정한다(그림의 경우는 모두 A). 또한 니어리스트 포인트의 결정은 다음 샷에서 사용한 클럽을 가지고 어드레스해 장애를 피할 수 있는지로 판단한다(단, 한 클럽 범위를 측정하는 클럽은 어떤 것을 사용해도 좋다).

▶ 세 개의 조건을 만족하는 지점에 드롭한다.

드롭 지점은

1. 홀에 근접하지 않을 것.
2. 그 장애를 피할 수 있을 것.
3. 앞의 1, 2를 만족하며 볼이 멈춰 있는 위치에서 가장 가까운 지점부터 한 클럽 범위 이내인 곳.
   - 이상 세개의 조건을 모두 만족시키는 것이 필요하다.
   - 이러한 순서를 지켜 정확하게 드롭하는 것이 중요하다.

9) 골프 룰 - 홀에 걸려 있는 볼(Ball Overhanging Hole)

볼의 일부가 홀의 가장자리에서 걸려 있는 상태인 때 플레이어는 볼의 정지 여부를 확인하기 위하여 부당한 지연 없이 홀까지 가기 위한 충분한 시간에 추가하여 볼의 정지 여부를 확인하기 위하여 다시 10초의 시간이 허용된다.

만일 그래도 볼이 떨어져 들어가지 아니한 때에는 정지한 볼로 간주한다. 그래도 그 시한 후에 볼이 홀에 떨어졌을 때 플레이어는 최후의 스트로크를 홀아웃한 것으로 간주하고 그 홀의 스코어에 1벌타를 부가해야 한다. 이밖에 본 조항에 의한 벌은 없다(부당한 지연 제6조 7항 참조).

10) 골프 룰 - 부당한 지연 : 느린 플레이(Undue Delay : Slow Play)

플레이어는 부당한 지연없이 플레이해야 하며, 위원회가 규정한 플레이 속도지침이 있을 때 그에 따라 플레이하여야 한다. 한 홀의 플레이를 끝내고 다음 티잉 그라운드에서 플레이 하는 사이에도 부당한 지연을 하면 안 된다.

➡ 본 항의 반칙은
　매치 플레이 - 그 홀의 敗
　스트로크 플레이 - 2打 부가
　그 후의 반칙 - 경기실격

注 1 : 홀과 홀 사이의 부당한 지연 플레이는 다음 홀에서 플레이 지연이 되어 벌타는 다음 홀에 부가된다.

注 2 : 지연 플레이를 방지하기 위한 목적으로 위원회는 경기조건(규칙 33조1항)에 규정의 1라운드, 1홀 또는 1스트로크를 플레이 완료하는데 허용된 최대시간을 플레이 속도지침을 규정할 수 있다.

11) 골프 룰 - 부당한 지연 : 느린 플레이(Undue Delay : Slow Play)

스트로크 플레이에 한하여 위원회는 본항 반칙의 벌을 다음과 같이 수정할 수 있다.

　첫 번째 위반 - 1타 부가
　두 번째 위반 - 2타 부가
　그 후의 반칙 - 경기실격

12) 골프 룰 - 드롭 방법

■정사면의 나무 밑둥에 멎은 볼을 언플레이어블로 한 A씨, 드

롭했는데 경사면을 5미터쯤 굴러가서 멎었다. A씨는 그 볼을 그냥 쳐버렸는데…

■ **처 리** ➡ 2벌타

드롭한 볼이 다음과 같은 경우는 재드롭하지 않으면 안 된다.
① 해저드 안에 굴러 들어갔을 때
② 그린 위에 굴러 들어갔을 때
③ OB로 굴러 나갔을 때
④ 구제 조치를 취한 상태로 다시 굴러갔을 때
⑤ 지면에 떨어진 지점에서 2클럽 길이 이상 굴러갔을 때
⑥ 원위치보다 홀에 가까이 가서 멎었을 때

그리고 재드롭은 2회까지다. 그래도 2클럽 길이 이상 굴러갔을 때는 볼이 최초에 떨어진 지점에서 플레이스한다. 재드롭을 요하는 볼을 그대로 플레이했을 경우는 2벌타가 된다.

13) 골프 룰 - 드롭한 볼이 연못에 들어갈 것 같아 플레이스했다

■ 연못 후방의 경사면에 드롭하게 된 A씨. 드롭하면 볼이 연못에 굴러 들어가는 것이 분명하므로 드롭하는 대신에 플레이스했다.

■ **처 리** ➡ 2벌타

1) 잘못된 장소에 드롭하던가, 잘못된 방법으로 드롭이나 플레이스 했을 경우, 아직 플레이하지 않았으면 그 볼을 벌점없이 집어올려서 정당한 조치를 취하면 된다(규칙 제 20조 6항).

2) A씨는 먼저 드롭한다. 재드롭해도 처음의 드롭과 마찬가지로 볼이 다시 연못에 굴러 들어갔으면 재드롭했을 때, 처음에 착지한 곳에 플레이스하는 것이 올바르다.

14) 골프 룰 - 그린 밖에 친 볼에 맞고 볼이 홀인됐다
■그린 밖에서의 D씨의 런닝 어프로치는 그린의 A씨 볼에 맞았는데 A씨 볼은 그대로 홀인되어 버렸다.

■ 처 리 ➡ 리플레이스

물론 A씨의 홀인은 인정이 안 된다. 또 그린 밖에서 친 볼이 그린 위의 볼에 맞아도 벌은 없다. 쌍방의 볼이 그린 위에 있을 때와는 다르기 때문에 혼돈하지 말도록, 볼을 친 쪽 (D)씨는 볼이 멈춰 있는 곳에서 플레이하고 맞은 쪽 (A)씨 볼을 원위치에 가져다 놓고 스트로크하면 된다.

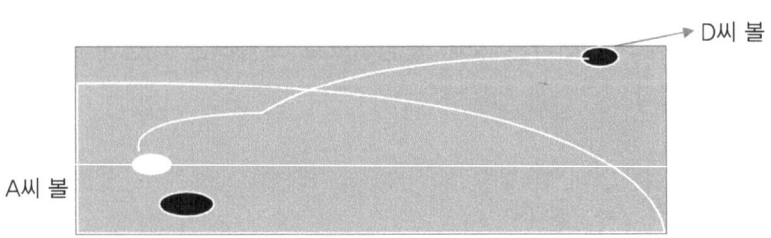

15) 골프 룰 - 퍼팅한 볼이 다른 플레이어의 볼에 맞았다
■B씨의 볼이 생각보다 많이 굴러 C양의 볼에 맞았다. 어떻게 처리해야 하나?

■ **처 리** ➡ 리플레이스

1) 쌍방의 볼이 그린 위에 있는 경우 볼을 플레이어 (B)씨는 2벌타가 부과된다. 그리고 B씨는 볼이 멈춘 곳에서, C양은 볼을 원위치에 놓고 스트로크한다(규칙 제19조 5).
2) 그린 위에서는 볼이 충돌할 확률이 조금이라도 있으면 동반경기자에게 마크해달라고 하면 된다. 다른 사람의 볼을 건드리고 2벌타를 받는 것은 바보 같은 짓이다.
3) 한편 마크의 요구를 거부하면 2벌타가 가해진다.

16) 골프 룰 - 그린 위에 놓여진 핀에 볼이 맞았다

■ 퍼팅할 때 갑자기 힘이 들어간 B씨. 볼은 힘차게 굴러가 홀을 넘어 그린 구석에 뽑아 놓은 핀에 맞았다.

■ **처 리** ➡ 2벌타

1) B씨는 규칙 제17조3-a에 의해 2벌타가 가해지며 볼이 멈춘 곳에서부터 다음의 스트로크를 해야 한다.
2) 보통 골프의 라운드는 4인 1조로 캐디가 2명, 전동카라면 한 명이 붙는다. 따라서 그린 위에서 캐디가 볼을 닦는 등 바쁘기 때문에 플레이어가 핀을 뽑아 그린 한쪽에 놓는 경우가 많다. 핀을 놓을 경우는 플레이어의 퍼팅 라인의 연장선상에는 놓지 않도록 주의해야 한다.

17) 골프 룰 - 페어웨이 진흙탕에 떨어진 볼 흙털어 내려고 만지면 1벌타
문) 티샷한 볼이 페어웨이의 진흙탕에 떨어져서 볼에 흙이 잔뜩 묻었다. 세컨 샷을 하기에 앞서 그냥 볼을 닦았는데 괜찮은가?

답) 1벌타를 받아야 한다. 골프 규칙에는 볼을 닦아도 되는 경우를 명시하고 있다.
① 그린 위에 올라갔을 때나
② 볼이 깨져 이를 판단하기 위해 들었을 때
③ 다른 선수의 플레이에 방해가 되어 집어 올렸을 때에는 인플레이 상태의 볼은 집거나 닦으면 안 된다. 인플레이 상태에서 볼을 닦으면 1벌타를 받고 다시 리플레이스를 한 뒤 샷을 해야 한다.

18) 골프 룰 - 벙케에서 연습 스윙을 하다가 헛스윙을 했다
문) 벙커 해저드에서 어드레스 전 연습스윙은 가능한지요? 또 어드레스 후 헛스윙을 하면 어떻게 타수 계산을 해야 하는 건지요?

답) 벙커 해저드라는 용어를 썼지만, 실제 해저드의 의미는 모든 벙커와 워터 해저드를 뜻합니다. 해저드건 어디건 연습스윙은 얼마든지 할 수 있습니다. 그러나 해저드에선 지면 또는 수면에 헤드를 대면 안 되기 때문에 허공을 치는 연습만이 가능한 것입니다. 만약 모래벙커에서 연습스윙 중 헤드가 모래에 닿으면 모래 테스트를 한 것이 되어 2벌타가 부과됩니다. 그러나 어드레스를 취한 후 헛스윙을 했다면 그건 스트로크할 의사를 가지고 헤드를 볼 전방으로 움직인 꼴이 돼 그대로 1타 계산을

해야 할 것입니다. 어디서건 실제 볼을 치려다가 헛스윙하면 그대로 1타라는 뜻이지요. 연습스윙은 실제 볼을 칠 의사 없이 하는 것이고, 헛스윙하는 것으로 정의해야 할 것입니다.

19) 골프 룰 - 그린 위에 장애물이 있어 퍼팅이 곤란하다
문) 그린 위에서 볼과 홀 사이에 고무호스가 묻혀 있어 퍼팅이 곤란했습니다.

답) 그 호스를 쉽게 제거하기 어려웠다면 움직일 수 없는 인공장애물로 치면 됩니다. 그때는 그 호스를 피하면서 홀과 가깝지 않은 지점에 볼을 옮겨 플레이스한 후 퍼팅하면 됩니다. 물론 벌타는 없습니다.

20) 골프 룰 - 플레이 중 퍼터 손상 없이 다른 클럽으로 퍼팅하려 한다
문) 퍼터가 플레이 중 손상되지 않았는데도 그린 위에서 다른 클럽으로 퍼팅할 수 있는지요?

답) 그린 위에서도 어떤 클럽을 사용하든 상관 없습니다. 단 아이언으로 그립을 찍는 것 같은 경우는 코스보호 및 예의상 문제가 되겠지요. 로컬 룰로 특별히 규제하지 않는 한 제너럴 룰에선 퍼팅 클럽에 대한 제한이 없습니다.

21) 골프 룰 Q & A
문) 그린 밖에 있는 볼(골퍼A)보다 그린에 있는 볼(골퍼B)이 홀로부터 더 멀다. 이 경우 어느 쪽이 먼저 쳐야 하는가?

답) 홀에서 더 멀리 떨어져 있는 B가 먼저 치는 것이 원칙이다. 그러나 스트로크 플레이에서는 상황에 따라 그린 밖에 있는 A가 먼저 쳐도 벌타는 없다. B가 먼저 치면 깃대를 제거해야 하고 다시 깃대를 꼽아야 하는 번거로움 등을 피하기 위해서다. 단 매치 플레이에서는 A가 먼저 쳤을 경우 B는 A에게 다시 치라고 요구할 수 있다.

문) 벙커샷을 했는데 그린을 넘어 OB가 나버렸다. 이 경우 벙커 안의 모래를 평평하게 한 뒤 드롭할 수 있는가?

답) 그렇다. 볼이 벙커 안에 있고 스트로크하기 전에는 모래 상태를 테스트하거나 클럽을 모래에 대는 것이 금지돼 있다. 하지만 이 경우는 아직 드롭하기 전으로 인플레이볼이 벙커 내에 없는 상태이므로 상관없다. 플레이어는 1벌타를 받은 후 전에 샷 했던 지점의 모래를 평평하게 고른 뒤 그곳에 드롭하고 치면 된다.

문) 언플레이어블과 로스트볼은 결과에서 어떤 차이가 있는가?

답) 볼이 숲속에 들어갔다 치자. 이 경우 볼을 찾은 것과 못찾은 것은 1타 차이를 볼을 찾으면 언플레이어볼을 선언할 수 있다. 그러면 1벌타 후 볼이 있는 곳에서 두 클럽 길이 이내에 드롭하고 칠 수 있다. 벌타만 받고 거리상 손해는 보지 않는다는 의미다. 그러나 로스트볼은 1벌타와 함께 거리상 손해도 감수해야 한다. 볼을 찾지 못하면 1벌타 후 직전 샷을 했던 곳으로 돌아가 다시 샷을 해야 하기 때문이다. 골퍼들이 기를 쓰고 볼을 찾는 이유가 여기에 있다.

문) 퍼팅한 볼이 동반 경기자의 볼에 맞았다. 볼이 예상 밖으로 많이 굴러 동반경기자의 볼에 맞았다. 어떻게 처리하면 좋을까?

답) 쌍방의 볼이 그린 위에 있는 경우, 볼을 맞춘 플레이어에게 2벌타가 주어진다. 그리고 자신의 볼은 멈춘 지점에서, 상대방의 볼은 원래의 위치로 되돌려 놓고 스트로크한다. 그린 위에서 볼이 서로 부딪칠 것 같은 확률이 조금만 있어도 동반경기자의 볼에 대해 마크해 줄 것을 요구하는 것이 좋다. 그렇지 않고 상대방의 볼을 맞혔다면 어쩔 수 없이 2벌타를 감수하는 수밖에 없다.

문) 동반 경기자와 동시에 친 볼이 서로 부딪쳤다. 두 사람이 거의 동시에 퍼팅했는데 볼이 서로 부딪쳤다. 여자 쪽 볼이 홀에서 더 멀리 떨어졌는데….

답) 이처럼 그린 위에서 거의 동시에 스트로크한 볼이 부딪친 경우, 어느 쪽도 벌타는 없으며 양쪽의 스트로크를 없애고 정확한 순서대로 다시 플레이한다. 어떻게 보면 홀에 가까운 지점에서 스트로크한 쪽에 벌타를 부과할 수 없다고 생각할 수 있으나 스루더그린과 마찬가지로 원구선타는 어디까지나 원칙일 뿐, 스트로크 플레이에서 어느 한 쪽이 이것을 위반해도 벌은 없다.

문) 볼이 워터 해저드, 거리, OB를 표시하는 말뚝 부근에 떨어졌다. 말뚝이 샷을 하는데 방해가 될 때 뽑아도 되는가?

답) 워터 해저드나 거리를 표시하는 말뚝은 뽑아낼 수 있으면 뽑고 쳐도 상관 없다. 이런 말뚝과 지주목 방공시설물 등은 인공 장애물이므로 벌타없이 제거하거나 드롭할 수 있는 것이다. 보통은 말뚝을 뽑지 않고 말뚝으로부터 1클럽 길이 이내 홀에 가깝지 않은 곳에다 드롭하고 친다. 반면 OB말뚝은 뽑아서는 안 된다. OB말뚝은 인공장애물이 아니기 때문에 벌타없이 구제 받을 수 없다. 샷하는데 방해가 된다고 해서 OB말뚝을 뽑고 치면 2벌타를 받는다. OB말뚝 때문에 칠 수 없을 때에는 언플레이어블로 처리해야 한다.

22) 골프 용어

(1) 오구(誤球) Wrong Ball

'오구'란 문자 그대로 자기의 볼 이외의 볼을 잘못해서 쳐버리는 것을 말한다. 오구를 했을 경우에는 2벌타가 가해진 후 다시 자신의 볼로 고쳐 치지 않으면 안 된다. 오구로 플레이한 타수는 스코어에 산정하지 않는다. 더구나 오구를 깨닫지 못하고 홀아웃하여 다음 홀의 티샷을 플레이해 버리면 경기 실격이 된다. 따라서 홀아웃한 시점에서 오구를 범한 것을 깨달은 경우에도 자기의 볼로 고쳐 치면, 가령 3타 연속해서 오구를 했다고 하더라도 2벌타만 과하면 된다.

몇 타째에서 오구를 범했는가가 분명하지 않을 때는 2타째부터 고쳐 친다. 오구는 동반경기자에게 폐를 끼치는 것이 되므로 치기 전에 자기의 볼임을 확인하는 습관을 익힌다.

(2) 장애물(障碍物) Obsructions

코스 안에서 플레이를 방해하는 여러 가지 장애물이 있는데, 룰에는 움직일 수 있는 장애물과 움직일 수 없는 장애물로 명확히 규정되어 있다. 장애물이란 모든 인공(人工)의 물건으로써 도로 및 통로의 인공적인 표면 또는 측면부분과 얼음을 포함한다.

다만 다음의 것들은 제외한다.

① 아웃오브 바운드를 표시하는 벽, 담, 말뚝

② 움직이지 못하는 인공의 물건으로 아웃 오브 바운드에 있는 모든 부분

③ 위원회가 코스의 불가피한 부분이라고 지정한 모든 구축물(용어의 정의 29)

코스에 설치된 철망이나 배수구의 덮개, 나무의 받침목 등, 움직이지 못하는 장애물에 의해서 플레이를 방해하는 경우는 규정에 따라서 1클럽 이내에 드롭하는 구제를 받을 수 있다. 앞서 열거한 ①, ②, ③은 장애물이 아니므로 구제조치는 받을 수 없다. 예를 들면 OB구역을 가리키는 흰말뚝이 플레이의 방해가 된다고 하더라도 볼이 있는 그대로의 상태에서 플레이하지 않으면 안 된다.

(3) 잠정구(Provisional Ball)

"잠정구"란 볼이 워터 해저드 이외에서 분실 또는 아웃 오브 바

운드의 염려가 있는 경우 제27조 2항에 의하여 플레이하는 볼을 말한다.

a. 처리

시간절약을 위하여 그 볼을 플레이한 원위치에 가능한 한 가까운 곳에서 잠정적으로 다른 볼을 플레이할 수 있다. 플레이어는 매치 플레이어에서는 상대방, 스트로크 플레이어에서는 자기의 마커 또는 동반경기자에게 잠정구를 플레이할 의사를 통고하고 플레이어 또는 파트너가 원구를 찾으러 나가지 전에 플레이하여야 한다. 이것을 이행하지 않고 다른 볼을 플레이하면 그 볼은 잠정구가 아니고 스트로크와 거리의 벌에 의하여 인플레이 볼이 되며(제27조 1항) 원구는 분실구로 친다.

b. 잠정구가 인플레이의 볼이 되는 경우

플레이어는 원구가 있다고 생각하는 곳에 도달할 때까지는 그 잠정구를 몇 번이라도 플레이할 수 있다. 만일 플레이어가 원구가 있다고 생각하는 곳으로부터 또는 그곳보다 홀에 가까운 지점으로부터 잠정구를 플레이한 경우 원구는 분실로 간주되며 잠정구는 스트로크와 거리의 벌에 의하여 인플레이볼이 된다(제27조 1항).

원구가 워터 해저드 밖에서 분실 또는 아웃 오브 바운드가 된 경우 잠정구는 스트로크와 거리의 벌에 의한 인플레이볼이 된다(제27조1항).

c. 잠정구를 기권할 때

원구가 워터 해저드 밖에서 분실되지 않았고 또는 아웃 오브 바운드도 아니면 플레이어는 잠정구를 기권하고 원구로 플레이를 계속하여야 한다. 만일 이것을 불이행한 때에는 잠정구로 스트로크한 그 이후의 플레이는 오구의 플레이로 간주하여 제 15조의 규정이 적용된다.

(4) 골프 용어

가드 벙커(Guard Bunker) 그린 주변을 둘러싸고 있는 벙커

갤러리(Gallery) 경기를 관전하는 관람객

고잉 아웃(Going Out) 일반적으로 아웃 코스(Out Course)라고 하며, 전반 9홀을 말한다

그로스(Gross) 핸디캡을 계산하지 않은 실제로 친 총 타수

그린(Green) 페어웨이와는 달리 잔디가 짧게 조성된 퍼팅할 수 있는 구역

그랜드 슬램(Grand Slam) 깃대와 홀컵이 있는 일 년 동안에 골프계의 4대 메이저 타이틀인 마스터즈, 브리티시, US오픈, PGA를 모두 석권하는 것

그린 자켓(Green Jacket) 우승자에게 입혀 주는 녹색 상의

그린 피(Green Fee) 플레이어가 지불하는 코스 사용료(통상적으로 "입장료"라고 함)

기브업(Give Up) 스트로크 플레이에서는 경기 자체를, 매치 플레이에서는 해당 홀을 포기하는 일

김미(Gimme) 홀의 승패가 났을 때, 아마추어 게임에서는 볼에서 홀컵 거리까지가 가까웠을 때 1타로 계산하고 퍼팅을 하지 않고도 넣은 것으로 인정하는 것을 말한다(일명, OK라고 한다).

깃대(Flagstick) or 핀(Pin) 멀리서 홀의 위치를 알 수 있도록 홀컵에 꽂아 놓는 깃발이 달린 막대 핀

국외자(Outside Agency)   경기와 직접 관련이 없는 사람과 사물(심판원, 마커, 옵저버, 포어캐디 등)

내츄럴 골프(Natural Golfer)   천부적 재능을 갖고 있는 골퍼. 어릴 때부터 체계적인 골퍼로 키워진 사람

네버업 네버인(Never up Never in)   홀을 지나지 않는 볼은 홀에 결코 들어가지 않는다. 즉, 퍼트는 홀을 지나도록 볼을 쳐야 한다는 의미

네트 스코어(Net Score)   1 라운드의 총타수(Gross)에서 자기 핸디캡을 뺀 스트로크 수

노 리턴(No return)   플레이어가 경기를 포기하고 스코어카드를 제출하지 않는 것

다운 블로우(Down blow)   공을 치기 위한 스윙의 단계 중 탑 스윙 상태에서 공을 치기 위해 내려오는 과정을 통칭하여 부르는 것

다운 힐 라이(Down hill Lie)   내리막 경사면에 볼이 정지해 있는 상태(↔업 힐 라이 Up hill Lie)

더프(Duff)   타구 시 볼을 정확히 맞추지 못하고 볼 후면의 땅을 때리는 것

도그렉 홀(Dog leg Hole)   페어웨이가 왼쪽 또는 오른쪽으로 굽은 홀을 가리키며 굽은 모양이 개 다리 모양과 유사한데서 유래됨

드라이빙 레인지(Driving Range)   드라이버를 칠 수 있도록 200야드 이상이 되는 야외 연습장

드라이빙 아이언(Driving Iron)   헤드가 무겁고 로프트가 매우 작아 먼 거리를 칠 때 주로 사용하는 롱 아이언 클럽

드롭(Drop)   규정에 의해 볼을 주워서 이것을 다른 위치에 떨어뜨리는 것. 방법은 홀을 향해서 똑바로 서서 홀에 가깝지 않게 어깨 높이에서 볼을 떨어뜨린다.

디보트(Divot)　볼을 쳤을 때 잔디나 흙이 클럽 헤드에 의해 파여져 나간 자국

라이(Lie)　볼이 자리 잡고 있는 위치나 상태

라인(Line)　목표물에 볼을 보내기 위해 설정해 놓은 선 또는 방향

라운드(Round)　경기를 위해 플레이를 하면서 코스를 도는 것

러닝 어프러치(Running Approach)　아이언으로 볼을 굴려 홀에 접근시키는 것

러프(Rough)　그린 및 해저드를 제외한 코스 내의 페어웨이 이외의 부분으로 풀이나 나무가 페어웨이보다 손질이 덜 되어 있거나 무성한 곳

럽 오브 더 그린(Rub of the green)　움직이고 있는 볼이 국외자에 의해서 정지되거나 움직이는 방향이 바뀌는 경우

레터럴 워터 해저드(병행 워터 해저드)　홀에 병행해 있는 연못, 물웅덩이 등을 말한다.

로스트볼(Lost ball)　경기 중 잃어버린 볼을 말하며, 분실구라고도 한다.

로컬 룰(Local Rule)　일반 골프 규칙에 대해서 각 코스 특수조건에 의해 개별 골프장이 별도로 정한 규칙

로프트(Loft)　클럽 면이 위를 향하는 경사도

롱 아이언(Long Iron)　샤프트가 길고 로프트가 작은 아이언(1, 2, 3, 4번 아이언을 지칭)

루스 임페디먼트(Loose Impediment)　코스 내에 있는 자연적인 장애물로 생장물이나 고정물이 아닌 돌, 나뭇잎, 삭정이, 나뭇가지 등으로 해저드를 제외해서는 벌점 없이 제거해서 플레이할 수 있다.

루키(Rookie) 아마추어에서 프로로 전향한 뒤 첫 해를 맞는 프로골퍼

리플레이스(Replace) 볼을 닦거나 그 밖의 행위를 목적으로 주어든 볼을 원래 있던 자리에 다시 놓은 것을 말한다.

마샬(Marshal) 경기위원으로부터 임명된 장내 정리인(골프장에서는 통상 진행요원을 지칭)

마커(Marker) 스트로크 플레이에서 상대방 플레이어의 스코어를 기록 및 확인하기 위해 위원회로부터 선임된 플레이어

매치 플레이(Match Play) 경기의 홀 매치라고도 하며, 2인 또는 2조로 홀별로 승패를 정하는 것

매달 플레이(Medal Play) or 스트로크 플레이(Stroke Play) 규정된 홀의 라운드에서 가장 적은 타수의 플레이어가 우승하는 경기

메달리스트(Medalist) 스크래치 플레이에서 토털 스코어가 가장 적은 플레이어에게 주는 상 또는 호칭

백 스윙(back swing) 클럽을 후방으로 들어올리는 동작. 옳은 백 스윙은 좋은 샷의 원동력이 된다.

백 스핀(Back Spin) 볼이 낙하점에 떨어진 후 역회전하여 뒤로 끌린 후 멈추는 현상이며, 언더 스핀이라고도 하며, 로프트가 있는 클럽을 사용한다.

벙커(Bunker) 장애물로 주변의 페어웨이보다 낮게 구덩이를 만들고 그 안에 모래를 넣어둔 해저드(페어웨이의 좌우에 있는 사이드 벙커, 거의 중앙 부근에 있는 크로스 벙커, 그린 주변에 있는 가드 벙커, 잔디로 되어 있는 그라스(Grass) 벙커가 있다)

벙커 샷(Bunker Shot) 벙커 안에 떨어진 볼을 그린 또는 페어웨이로 쳐내는 것

베트(Bet) 승부, 도박

벤트 그라스(Bent Grass)　퍼팅 그린에 쓰고 있는 양잔디의 일종이며, 더위에 약하다(寒地型 잔디).

부비 프라이즈(Booby Prize)　골프 경기에서 최하위에서 두 번째인 플레이어에게 주는 상(부비상)

브레이크(Break)　볼이 그린에서 구를 때 퍼팅이 옆 방향으로 휘어지는 지점

블라인드 홀(Blind Hole)　티잉 그라운드에서 그린이 보이지 않는 홀

비지터(Visitor)　회원제로 운영되는 컨트리클럽에서 회원이 아닌 비회원 골퍼

사이드 힐 라이(Side hill lie)　볼이 날아가는 선과 평행한 경사에 위치한 볼

샷 건(Shot Gun)　전 홀에서 동시에 출발하는 경기 방식.

사이드 힐 라이(Side hill lie)　볼이 날아가는 선과 평행한 경사에 위치한 볼

샷(Shot)　클럽으로 볼을 치는 것

샷 어프로치(Shot Approach)　그린 주변에서 볼을 홀에 최대한 가까이 가도록 치는 타법

샷 아이언(Shot Iron)　샤프트의 길이가 짧고 로프트가 큰 아이언(7, 8, 9번을 말한다)

서든 데스(Sudden Death)　토너먼트에서 우승자가 결정나지 않았을 때 동점자만 하는 연장전의 방법

세트(Set)　통상적으로 골프 클럽 14개를 칭한다(우드 4개, 아이언 9개, 퍼터 1개 or 우드 3개, 아이언 10개, 퍼터 1개).

숏 게임(Short Game)　어프로치에 속하는 아이언 7, 8, 9, P, S 정도를 사용하는 단거리 플레이

스냅(Snap) 볼을 치는 순간에 손목에 힘을 주어 탄력을 가지게 하는 것

스루 더 그린(Through THE Green) 홀의 티잉 그라운드, 퍼팅그린, 코스 내의 모든 해저드를 제외한 플레이를 할 수 있는 모든 지역

스웨이(Sway) 스윙할 때 몸의 중심선이 좌우로 흔들리는 것

스위트 스폿(Sweet Spot) 볼을 맞추어야 하는 클럽 페이스의 중심점

스코어 카드(Score Card) 플레이어들의 점수를 기록하는 기록지. 거리와 로컬룰 등을 참조할 수도 있음

스크래치 플레이(Scratch Play) 핸디캡을 적용하지 않는 경기이며, 총 타수(Gross Score)로 승부를 결정

스트롱 그립(Strong grip) 오른손을 오른쪽 방향으로 많이 돌려서 감싸 쥐는 방법(훅 볼 구질이 됨)

스탠스(Stance) 볼을 향해 두 발의 위치를 정하고 타구 자세를 취하는 것

싱글(Single) 핸디캡이 1~9까지의 플레이어를 칭하는 말(2인 라운드를 칭하기도 한다)

아웃 오브 바운드(Out of Bound) 플레이를 할 수 없는 구역이며, 표시는 흰색 말뚝으로 표시한다(통상 OB라고 함).

아웃 사이드 인(Outside In) 타구 시 클럽 헤드가 임펙트를 중심으로 바깥쪽으로 다운 스윙되고 임펙트 후 몸 안쪽으로 팔로우되는 것을 말한다. 반대의 스윙은 인 사이드 아웃

아이언(Iron) 헤드 부분이 금속으로 되어 있는 클럽

아크(Arc) 스윙에서 클럽 헤드가 휘둘러지는 스윙 궤도

애버리지 골퍼(Average Golfer) 중급 정도의 일반골퍼. 핸디로는 18~15 정도, 스코어로 90 이하 수준을 말한다.

야디지 레이팅(Yardage Rating) 코스 레이팅이라고도 하며, 각 홀의 난이도를 의미한다.

야디지 포스트(Yardage Post) 홀의 번호, 거리, 홀의 기준 파, 홀의 공략도나 그림 등을 새겨 넣어 티잉 그라운드에 세워 놓은 표지

어드레스(Address) 플레이어가 볼을 치기 위하여 발의 위치를 정하고 클럽 헤드를 지면에 놓아둔 채로 있는 상태

어드바이스(Advice) 클럽, 스트로크 방법 등 플레이어에게 경기상 영향을 미칠 수 있는 조언

어웨이(Away) 티샷 후 깃대에서 제일 멀리 떨어진 볼을 말하며, 샷의 순서를 결정하는 기준이 된다(깃대에서 가장 멀리 있는 볼을 먼저 치게 된다).

어프러치(Approach) 홀의 가까운 곳에서 그린의 홀 컵을 향하여 볼을 가깝게 붙이는 것

※ 어프러치 샷 3가지 피칭샷, 피칭앤드런, 런닝 어프로치(또는 칩샷)

언더 파(Under Par) 파보다 적은 타수로 홀인시키는 것(↔오버파)

언더 리페어(Under Repair) 수리 중, 수리 중인 지역, '수리지'는 'Ground under repair'나 'GUR'로 표시함

업라이트 스윙(Upright Swing) 스윙이 활 모양으로 직립되어 있는 것과 같은 스윙으로서, 주로 키가 큰 사람이 많이 한다(플렛 스윙의 반대말).

언플레이어블(Unplayable) 워터 해저드를 제외하고 플레이어가 플

레이를 할 수 없는 구역에 볼이 있을 때 1벌타를 받고 3가지 처리 방법에 의하여 플레이를 할 수 있도록 하는 것

업힐 라이(Uphill Lie) 오르막 경사면에 볼이 정지해 있는 것

에지(Edge) 그린, 벙커 등의 가장자리

에어샷(Airshot) 볼을 맞히지 못하고 헛스윙을 하는 것

오너(Honor) 각 홀에서 먼저 플레이(티샷)를 할 수 있는 사람 또는 권리

오버(Over) 볼이 목표한 곳보다 멀리 떨어지는 것. 타수가 기준타수보다 많을 때

오픈 페이스(Open Face) 클럽 페이스를 수직보다 조금 벌어진 상태로 놓는 것

오피셜 핸디캡(Official Handicap) 공식적으로 인정받은 핸디캡

온 그린(On Green) 볼이 그린 위에 떨어지는 것

왜글(Waggle) 백스윙을 하기 전에 손목만으로 클럽을 가볍게 흔들어 근육을 풀어 주는 동작

우드(Woods) 클럽 헤드가 목재로 만들어진 클럽의 총칭

위크 그립(weak grip) 왼손그립을 잡을 때 왼손 두 번째 손가락에서부터 대각선으로 손바닥을 주로 이용하며 잡는 방법인데 이는 약한 그립이라고도 한다(슬라이스 볼의 구질이 됨).

원 라운드(One Round) 18홀을 플레이하는 것

원 온(One On) 1타로 그린에 볼을 올려 놓는 것

웨지(Wedge) 클럽 페이스와 솔이 넓고 로프트가 크며, 거리는 짧지만 볼을 띄우기에 좋은 클럽

이븐(Even) 기준 타수와 동타일 때를 말한다.

인 플레이(In Play) 플레이어가 티잉 그라운드에서 볼을 스트로크 하기 시작해서 홀컵에 넣을 때까지의 경기진행 중인 상태

인코스(In Course) 후반 9홀(↔아웃 코스)

임펙트(Impact) 클럽 헤드를 볼에 타격. 접촉하는 것

워터 해저드, 병행 워터 해저드(Water Hazard, Lateral Water Hazard) 코스 내에 있는 호수, 연못, 습지, 강, 바다, 하천 등 물과 관계 있는 장애물

중립그립(neutral grip) 오른손과 왼손을 스퀘어 상태로 감싸 쥐는 방법(스트레이트 볼 구질이 됨)

잠정구(Provisional) 볼이 분실구나 OB의 가능성이 있을 때 처음에 볼을 친 위치에서 다시 하나 예비로 쳐 놓는 볼을 말한다(반드시 잠정구를 친다는 것을 동반경기자와 마커에게 말해야 한다. 그렇지 않을 경우, 처음 친 볼은 분실구 처리가 된다)

캐리드 오너(Carried Honor) 전 홀에서 동점인 경우, 다음 홀에서도 이전 오너가 우선권을 가지게 되어 오너를 하게 된다.

캐리 오버(Carry Over) 규정된 홀에서 승부가 나지 않아 연장플레이를 하는 것을 말한다.

캐주얼 워터(Casual Water) 코스 내에 자연적으로 생긴 일시적인 습지이며, 벌타 없이 드롭이 된다.

컨시드(Concede) 매치플레이 때, 상대방이 볼을 원 퍼팅으로 넣을 수 있다고 생각되어 홀아웃하기 전에 OK로 홀 승을 주는 것

코스 레이트(Course Rate) 코스의 여러 가지 조건을 고려하여 정한 코스의 난이도를 말한다.

코스 레코드(Course Record) 코스가 생긴 이래 공식적으로 기록된 최저 타수

크로스 윈드(Cross Wind) 볼의 반대방향의 바람(앞바람). 어게인스트 윈드라고도 함

※ Wind(바람)의 종류 앞바람, 뒷바람(Follow Wind), 훅바람, 슬라이스 바람)

클럽 페이스(Club Face) 클럽 헤드의 볼이 맞는 부분

톱 오브 스윙(Top of swing) 백스윙 때 클럽 헤드가 스윙의 정점에 도달한 순간.

테이크 어웨이(Take away) 백 스윙을 하기 위해 클럽을 뒤로 빼는 동작

트러블 샷 스윙하기 어려운 장소나 샷하기 어려운 볼의 라이, 타구 방향의 장애물이 있는 상황에서 치는 샷

티(Tee) 한 홀을 시작하는 지역으로 티 박스 또는 티잉 그라운드라고도 한다. 또한 볼을 올려놓는 핀을 뜻하기도 한다.

티 마크(Tee Mark) 티의 구역을 정하기 위해 티잉 그라운드 위에 좌우 양측으로 표시해 놓은 것

티샷(Tee) 티 위에 볼을 올려놓고 치는 것

티업(Tee Up) 볼을 치기 위하여 티에 볼을 놓는 것

티오프(Tee Off) 첫 홀에서 볼을 처음으로 치는 행위. 스타트를 의미한다.

팔로 스루(follow through) 타구 후 클럽 헤드의 움직임을 중단하지 않고 비구선을 따라서 계속 스윙하는 것

피봇(Pivot) 허리의 회전, 비트는 것

피니쉬(Finish) 왼쪽 어깨 위에서 등 뒤로 클럽을 넘겨 주는 자세. 2, 3초 가량 멈춰져 있는 자세가 중요하다.

패스(Pass) 경기의 원활한 진행을 위하여 앞 조가 다음 조에게 먼저 경기를 할 수 있도록 양보하는 것

퍼터(Putter) 퍼팅(Put)의 아이언 클럽이며 그린 위에서 사용(T, D, L자형이 있음)

퍼팅 라인(Putting Line) 그린 위에서 퍼팅을 하기 위한 볼과 홀컵 사이의 라인

페널티(Penalty) 벌타나 벌칙을 말한다.

포대그린 페어웨이보다 높은 곳에 위치한 그린을 말한다.

포어 캐디(Fore Caddie) 타구할 목표의 장소가 보이지 않거나 볼의 행방을 확인시키도록 하는 캐디

프라이드 에그(Fried Egg) 벙커 안에 빠진 볼이 모래에 반쯤 묻힌 상태(속칭 "후라이"라고 함)

플랫 스윙(Flat swing) 수평에 가까운 스윙. 반대는 업라이트 스윙. 대체로 키가 작은 사람은 플랫 스윙을 잘하고 키가 큰 사람은 업라이트 스윙이라고 한다.

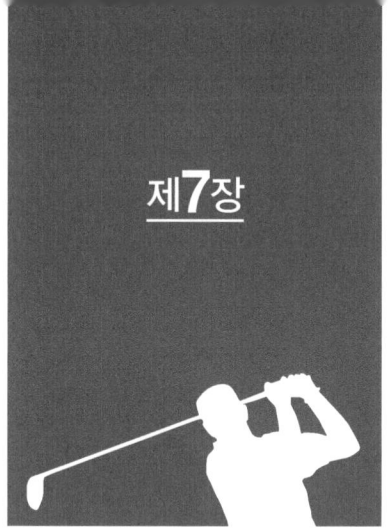

제7장

캐디의 업무

1. 캐디의 유래와 정의
2. 캐디 직업의 매력
3. 캐디의 역할과 임무
4. 캐디의 기본자세
5. 캐디 업무 Flow
6. 캐디의 건강관리
7. 홀인원 및 이글 이벤트
8. 캐디의 기본 업무지식

제7장
캐디의 업무

1 캐디의 유래와 정의

1) 캐디어원

유래는 제임스 6세 딸인 메리여왕이 에딘버러로 갈 때 수행한 프랑스 귀족의 아들의 이름을 프랑스어로 까떼(Cadet)라고 지칭하였는바 이것이 캐디의 어원이라고 한다.

2) 캐디란

플레이어의 경기에 골프 전반에 관한 지식을 어드바이스하며, 경기를 이끌어 갈 뿐 아니라 회사에겐 진행 및 홍보 요원으로서, 단순히 골프 클럽을 운반할 뿐만 아닌 경기전반의 매끄러운 진행을 위한 중추적 책임을 맞고 있는 전문직이다.

2 캐디 직업의 매력

1) 잔디 위를 걸으면서 신선한 공기를 마시며 아름다운 자연 속에서 건강을 지킬 수 있다.
2) 각계 전문가나 저명 인사를 만남으로써 폭 넓은 상식과 교양을 넓힐 수 있다.
3) 짧은 근무시간에 비해 고소득을 올릴 수 있다.
4) 악천후 속에서도 일을 함으로써 인내력을 키울 수 있다.
5) 자연스럽게 집중력이 생기고 정신 건강에도 도움이 된다.
6) 골프라는 전문적 지식 습득 및 골프 기술을 익힐 수 있다.
7) 방학이 있다(회사 방침에 따라 장기휴가).
8) 짧은 시간 안에 고객과 뛰고 걷는 동안 고객뿐만 아니라 자신에게 감동과 보람을 줄 수 있다.
9) 철저한 인간관계 업이므로 가정생활과 자녀교육에 크게 도움 된다.
10) 근로 수명이 길며 확실한 개인 사업이다.

3 캐디의 역할과 임무

1) 친절한 서비스맨이어야 한다

캐디는 골프장의 Image Maker이며, 홍보요원이다. 특히 고객은

"King"이라는 말도 있듯이 캐디는 King Maker라는 자부심이 있어야 한다.

고객이 골프장에서 보내는 5~6시간 중 4시간 반 이상을 캐디와 동행하기 때문에 캐디가 골프장의 이미지를 좌우한다고 해도 과언이 아니다. 순수 자기의 능력으로 승부를 하는 직업인만큼 플레이어에게 친절과 상냥함으로 대해야 한다.

2) 코스 상태 및 룰을 정확히 숙지해야 한다

캐디는 Player의 유일한 동반자이며 Player에게 있어 아군이요, 등대이다. 캐디의 적극적인 위치는 골프장의 주인이고 Player는 초청받은 고객이다.

캐디는 클럽과 볼의 청결 상태를 유지해야 할 뿐 아니라 볼의 방향과 위치, 목표까지의 거리, 그린상태, OB의 위치, 공략지점의 장애물에 관한 어드바이스와 룰에 대한 정확한 어드바이스를 해야 할 의무가 있다.

3) 원활한 경기 진행을 만들어야 한다

팀 간의 간격을 유지하면서 경기 진행을 원활히 풀어줘야 할 책임이 있으며, 원활한 경기 진행은 숙련된 캐디만큼 중요하다. 진행 시간이 늦어지면 뒷 팀에 영향을 주어 고객께 폐를 끼치는 일이며, 하루에 30분씩 진행이 늦어질 경우 회사엔 연간 4~5억의 손실을 입힌다. 거리에 맞게 신속한 클럽교체, 볼의 정확한 위치와 코스상태 및 그 외 필요 사항을 숙지하고 대처해야만 진행이 원활한 골프장을 만들 수 있다.

4) 코스 관리를 도와주어야 한다

　코스 관리는 관리 담당자 이상으로 캐디가 신경 써야 할 부분이다. 코스 내에서 일어나는 상황은 하루 5~9시간가량 코스에서 근무하는 캐디가 더 잘 알 수 있다.
　코스 내 잡초 제거, 디보트 자국 배토, 그린 볼 자국 보수, 벙커의 발자국을 정리하며, 코스 내 이상변화(잔디병 발생, 낙석 발생)를 담당자에게 연락하여 조치할 수 있도록 해야 한다.

캐디의 기본 자세

1) 상대방을 존중하고 이해해야 한다

　항상 동료 간의 언행을 조심해야 하며, 상대방의 입장에서 이해하고 배려하는 마음의 자세가 중요하다. 또한 플레이어가 편안하게 플레이할 수 있도록 배려하는 마음이 무엇보다 중요하다. 라운딩을 마칠 때까지 고객에게 정성을 쏟아야 하며, 고객의 골프 실력이 서툴다 하여 신경을 쓰지 않거나, 볼이 잘 맞지 않아 짜증을 내는 상황에서도 상대방의 입장을 이해할 수 있어야 한다.

2) 고객께 시선을 집중해야 한다

고객에게서 한 순간이라도 시선을 거두면 예상치 못한 불미스러운 사태가 발생할 수 있다. 특정 고객과 얘기를 하다가 다른 고객을 놓치게 되면, 관심이 없다고 생각하게 되며, 협조자 한 사람을 놓치는 결과를 낳게 된다. 고객이 무엇을 원하는지 미리 파악하여 신속히 행동해야 하며, 특히 그린과 티잉 그라운드에서는 근접 서비스를 생활화해야 한다.

3) 공평한 서비스를 해야 한다

골퍼에겐 골퍼 한 명에 캐디 한 명이 따르는 것이 원칙이지만 골프 카트의 이용이 증가함에 따라 골프장마다 2~4Bag 시스템이 일반화 되었다. 이때 고객의 사회적 지위나, 인격, 골프기량에 따라 차별 서비스를 해서는 안 된다. 서브를 하는 동안 언짢은 일이 있더라도 고객에게 짜증을 내거나 소홀히 대해서는 안 되며, 공평한 서비스를 하도록 각별히 신경 써야 한다.

4) 자기 개발을 지속적으로 해야 한다

캐디라는 직업상 사회 각계 각층의 고객을 만나게 되므로, 고객보다 앞선 서브를 하기 위해서는 가능한 한 골프연습을 게을리하지 않아야 하며, 코스에 대한 완벽한 숙지, 골프용어, 룰은 물론 외국어 능력 및 정치,경제,문화, 스포츠의 기본적인 상식에도 관심을 가지고 습득에 노력해야 한다.

5) 건강관리에 신경을 써야 한다

18홀을 라운딩하는 데는 4~5시간 정도의 시간이 소요되며, 하루 약 8~16km를 걷게 된다. 특히, 여름에는 땀을 많이 흘리게 되고, 겨울에는 추위와 싸워야 하는 기본 체력과 강한 정신력이 요구되는 일이다.

철저한 건강관리와 자기 관리는 도우미에게 있어 절대적으로 필요하다.

6) 고객께 시선을 집중해야 한다

근무 중 도우미끼리 잡담을 한다거나 고객의 골프 스타일을 비평해서는 안 된다. 고객의 가벼운 농담은 받아주되 진한 농담의 경우는 차라리 침묵하거나 업무와 관련된 얘기로 화제를 바꾸는 게 좋다.

동료들끼리의 대화는 업무 외에는 가능한 자제하도록 한다.

7) 고객을 부모를 섬기듯 정중히 섬긴다

고객의 연령층은 40~60대인 경우가 많다. 호감이 가는 고객이 있는 반면, 가까이 하고 싶지 않은 고객도 있으며, 골프 기량이 뛰어난 분도, 서툰 분들도 있다. 그럴 때마다 감정을 그대로 들어낸다면 도우미로서의 자격이 없다.

힘들더라도 고객께 관심을 갖고 집중해야 한다. 고객께 따뜻한 마음과 감사의 마음을 담아 대한다면 그 마음은 전해진다.

8) 미소를 잃지 말아야 한다

뛰어난 기술로 고객을 먼저 알아보고 서브하는 것도 중요하지만, 딱딱하게 굳은 표정으로 고객을 대한다면 도우미 자질에 상당히 치명적이다.

상냥하고 친절한 미소는 상대로 하여금 마음을 열게 해 주고, 편안함을 줄 뿐 아니라 나의 협조자로 만들 수 있다. 한결같은 상냥한 미소로 고객을 대하는 마음자세가 중요하다.

5 캐디 업무 Flow

1) 출근과 라운드 준비

■ 배정된 예약시간 1시간 30분 전 출근

출근 후 사내에 보이는 모든 만남에 정중히 인사한다.

■ 출근 확인 및 휴대품 지참

복장   단정하고 청결을 유지한다.

화장   자연스럽고 밝은 화장인지 확인한다.

액세서리   귀걸이, 반지, 팔찌 등의 착용은 지양한다.

휴대품   근무수첩, 스코어카드, 볼마크, 티, 우비, 그린보수기, 로스트 볼, 가이드북, 볼 타올, 핸드타올, 클럽 솔, 배토 삽, 의약품 등

■당일 배치 조장에게 용모검사

■대기실 거울 앞에서 인사 연습 및 스트레칭

■게시판 보고 당일 공지사항 숙지

■배치시간 변경 여부 확인 후 지정된 카트키와 리모컨 확인

✲ 상호인사

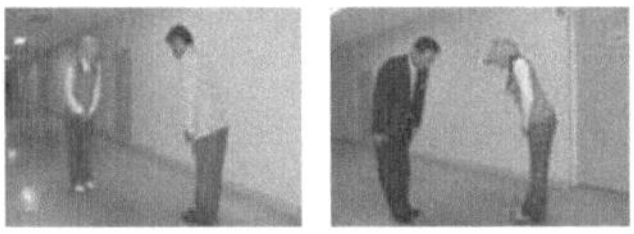

✲ 출근확인 및 용모검사

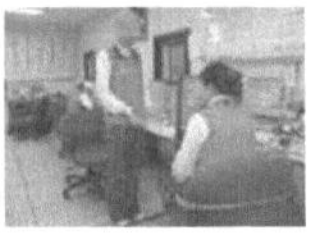

✲ 인사

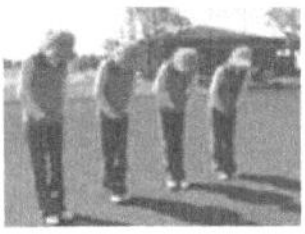

✲ 스트레칭

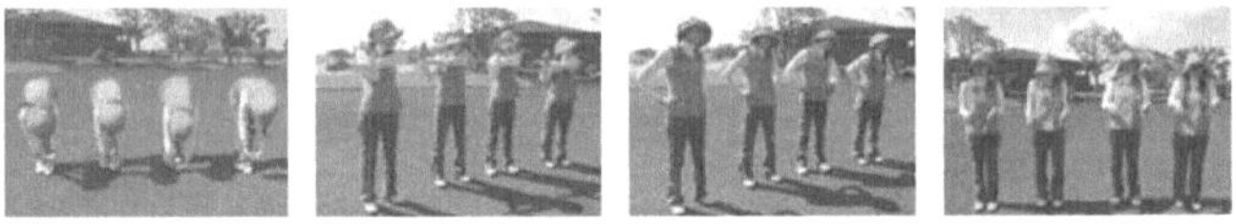

✲ 준비물

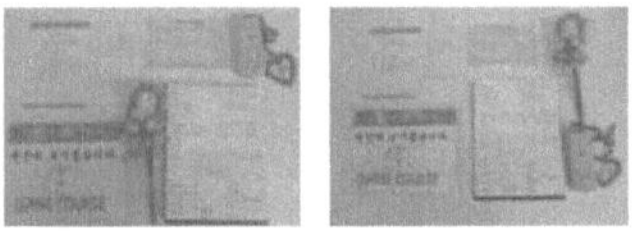

2) 카트 세팅

■카트 점검

배터리의 완충, 타이어의 바람 상태를 점검한다.

■휴대품 정돈

• 필요한 물품을 카트의 앞 바구니에 잘 정돈한다.

- 보온병에 계절별 2가지 이상 음료를 준비한다.
- 사탕 등 간식거리를 준비, 카트 앞에 세팅한다.
- 캐디평가서, 인수증, 경기시간표 등은 지참한다.

3) 배치 대기

■ 동료들과 Bag 대기

배치시간에 변경 여부가 있는지 확인, 배치표를 먼저 받은 동료의 Bag을 찾아준다.

■ 배치표 수령

- 고객의 직함, Tee-off시간, In/Out 코스를 확인한다.
- 회원여부 확인 후 회원정보 확인, Bag은 회원순으로 싣는다. 클럽을 확인하고 근무수첩에 기재한다.
- 동일한 클럽이나 분실 여부가 있는 물건은 표시한다.
- 항공커버가 있는 경우 정돈하여 보관함에 넣어둔다.
- Bag 세팅이 완료되면, Tee-Off 시간에 맞춰 Start로 이동하다.

✱ 카트 세팅된 사진

✱ Bag 대기     ✱ 배치표 받는 장면

✱ Bag 싣고 체크하는 장면     ✱ 메인 대기

4) 라운딩

(1) 티잉 그라운드에서

▶ 고객과의 인사

안녕하십니까? 도우미 ○○○입니다. 저희 ○○○○을 찾아주셔서 감사합니다. 좋은 Play 되십시오.

▶ 상황에 따른 스트레칭

▶ 오너 선정

오너 선정 부탁드리겠습니다. 준비되신 분 먼저 Play 하겠습니다.

▶ 로컬 룰 및 코스 설명

(2) 페어웨이에서

- Pine까지 혹은 다음 공략지점까지의 거리를 알려준다.
- 거리에 맞는 클럽을 조언한 후 "고객님 몇 번 클럽 드립니까?" 라고 물어본다. 고객이 원하는 클럽을 찾아 "몇 번 아이언 여기 있습니다."라고 말한다.
- 지형 안내 및 홀 공략법에 대해 어드바이스해 준다.
- 고객이 Shot하는 순서는 그린에서 가장 먼 볼 순서대로 치게 한다.

(3) 그린에서

▶ 볼서브

- 퍼터를 고객 네 분께 정확히 전달해 준다.
- 볼 마크할 때 볼을 건드려서는 안 된다.

▶ 깃대

- 플레이어를 마주 보고 오른팔(왼팔)을 어깨 높이로 수평이 되게 뻗는다.

- 퍼팅과 동시에 깃대를 뽑아 그린 앳지에 걸쳐 놓는다(이때 이동 중 퍼팅라인을 밟지 않도록 주의한다).
- 고객이 퍼팅 시에는 방해되지 않도록 최대한 정숙한다.

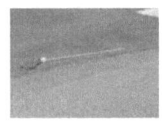 

(4) OB일 경우

- 볼이 OB에 들어가면 고객에게 알려준다. "OB인 것 같습니다. 잠정구 부탁드리겠습니다."
- 볼을 찾으러 갈 때 다음에 사용할 Club을 건네거나 다음 Shot 의 남은 야드도 말해 주면 진행이 원활하다.
- 볼을 찾지 못했을 때는 "볼을 찾지 못해 죄송합니다."라고 말한다.

5) 그늘집/Start House

(1) 그늘집

- 화장실만 들린 후 바로 Tee-Off 할 수 있도록 유도한다.
- 음료 및 간식거리는 이동 시 이용하도록 부탁한다.

(2) Start House

- 앞 팀과의 간격을 보고 시간 파악을 한 후 고객에게 알린다.
- 시간이 오래 지체되었을 경우 본인이 직접 간 후 Tee-Off를 부탁한다.

6) Round 종료 후

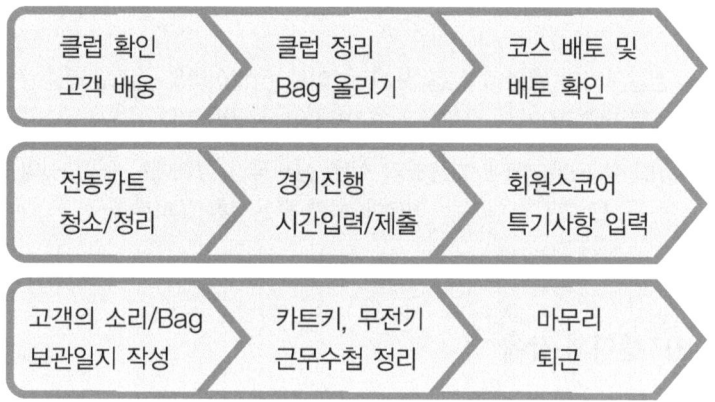

7) 경기진행에 대한 특별한 상황 시 대처방안

(1) Pass

- 고객님께 동의를 얻을 수 있는 Ment를 한다.
- 앞 팀이 너무 밀려 꼭 패스를 받아야 될 경우 앞 팀 거부 시 진행요원에게 요청한다.
- 상황에 맞는 Pass는 수월한 진행에 도움이 된다.

(2) 사인 주기

앞 팀이 느리고 자신의 팀이 빠른 경우 앞 팀을 진행시킨 후 뒤 팀에게 사인을 준다.

6 캐디의 건강관리

> 건강관리에 충분히 신경 쓰세요! 어떤 직업이라도 건강관리를 하지 않으면 여러 가지 신체적 장애가 나타나는 법이다.
> 비교적 도우미에게 발생하기 쉬운 신체적인 장애에는 어떤 것이 있는지, 또 그것의 방지는 어떻게 하면 좋은지를 살펴본다.

1) 생리의 장애

생리의 장애에는 개인차가 있다. 만약, 생리통이나 짜증스런 기분으로 Player에게 불쾌감을 줄 듯하면 휴가를 내는 것이 좋겠다. 생리휴가는 본인의 결정으로 스스로 무리 없는 관리를 한다.

2) 신경계통의 장애

도우미 업무는 심신 양면을 사용하는 고밀도 작업이므로 자칫하면 노이로제 증상 또는 불면증에 걸릴 수 있다. 이 장애는 모두에게 일어나는 것이 아니고, 건강 관리가 불충분할 때 일어날 가능성이 있을 뿐이다. 관리를 잘 하면 도우미는 가장 건강할 수 있는 직업이다.

3) 소화계통의 장애

취업 당시와 여름철에는 식사에 충분히 신경 쓴다. 물을 너무 마시거나 차가운 잠을 자거나 과식하는 것은 금물이다. 그날의 피로는 충분히 수면을 취하도록 한다. 더구나 변비는 방치해 두면 피로가 축적되므로 주의해야 한다.

4) 피부의 장애

여성의 피부는 저항력이 약하기 때문에 여름철의 고온 다습, 겨울철의 저온 건조 시는 손질이 필요하다. 땀을 흘린 후 뒷처리가 나쁘면, 피부병이 발생하기 쉬우므로 반드시 목욕을 거르지 않도록 한다.

5) 빈혈에 의한 장애

혈액 중 헤모글로빈 양이 적어지면, 얼굴이 창백하거나 어지럼증을 일으킬 수 있다. 장시간 연속 노동은 헤모글로빈을 저하시킨다. 그러므로 동료가 서로 도와주고 감싸주는 것이 필요하다.

홀인원 및 이글 이벤트

■ 홀인원

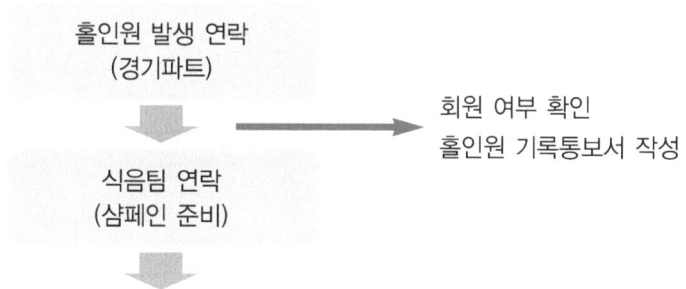

```
┌─────────────┐
│ 홀인원 축하  │          이벤트 게사판 작성
│ 메인 이벤트 준비│  ──→   (성명/동반자/일시/기록 홀)
└─────┬───────┘          꽃다발, 카메라, 샴페인 등
      ↓                  이벤트 물품 준비
┌─────────────┐
│ 고객 도착 후 │          사진 촬영
│ 이벤트 실시  │  ──→    홀인원 기록통보서에
└─────┬───────┘          동반자 사인 체크
      ↓
┌─────────────┐
│ 스폰서업체 및│
│대한골프협회 공문 발송│
└─────────────┘
```

■ Eagle

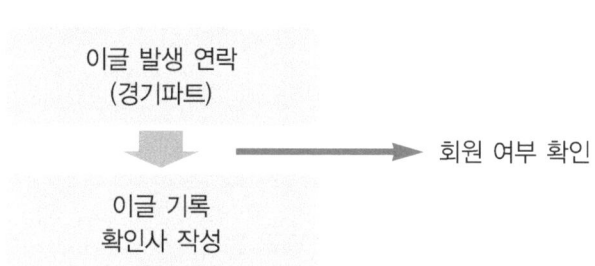

캐디의 기본 업무지식

1) 드라이버의 티 셋업

교과서   드라이버 헤드 위로 공의 반이 나오게 세팅한다.

박세리   티를 높이면 공을 컨트롤하기 쉬워진다.

타이거우즈   티를 낮추면 공의 방향성(정확도)이 좋아진다.

높은 티   드로우가 날 확률이 많다.

낮은 티   페이드가 날 확률이 많다.

2) 아이언의 티 셋업

교과서   지면에서 1센티 정도

제이윤   지면과 거의 같은 레벨(우드 포함)

타이거우즈   롱 아이언 티샷의 경우, 티를 1센티 정도로 셋업하면 백 스핀이 줄어 거리도 많이 나게 된다.

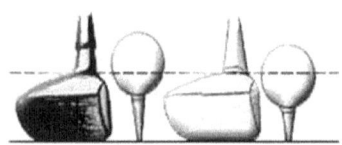

▶ 일반적인 티의 높이는 드라이버의 페이스 끝에 공의 중심이 오게 하는 것이다.
▶ 우드나 아이언은 채의 길이가 짧아질수록 티의 높이도 낮아져야 한다.
▶ 뒷 바람이 불 때나 오른쪽에서 왼쪽으로 휘는 드롭 볼을 칠려고 할 때는 티를 높게 꽂는다.
▶ 약간 낮은 탄도의 볼이나 왼쪽에서 오른쪽으로 휘는 페이드 볼을 구사하려면 티를 낮게 꽂는게 좋다.
▶ 대체로 쓸어 치는 스윙을 하는 골퍼들은 티의 높이를 비교적 높게 한다.

3) 골프공

1피스 볼은 주로 연습장에서 사용하는 볼(Range Ball)이었다(현재는 연습장에서 사용하는 볼들도 2피스 볼이 대부분).

2피스, 3피스, 4피스라고 분류하는 까닭은 볼이 각각 2겹, 3겹, 4겹으로 되어 있기 때문이다.

2피스 볼의 경우 거리는 많이 나가지만, 퍼팅할 때 느낌이 다소 딱딱하다(비거리 면에서 유리하므로 아마추어들이 선호).

3피스 볼은 퍼팅할 때는 부드럽지만 거리는 조금 떨어질 수 있다(볼 컨트롤이 용이한 점에서 기본적으로 거리가 나는 프로들이 사용).

4피스 볼은 이 두 가지의 단점을 최소화한 현대과학이 만들어낸 최고의 볼이다(2, 3피스 볼의 장점을 최상으로 갖추지 못함).

볼의 압력(Compression)은 볼의 단단함(딱딱함) 정도를 말한다(볼이 딱딱한 것이 100, 부드러운 것이 90, 가장 부드러운 것이 80).

구 분	내 용
커버 구조	1피스볼 / 2피스볼 / 3피스볼 / 4피스볼
볼 압력	80Cp-그린 / 90Cp-레드 / 100Cp-블랙
기능	거리용 / 백스핀볼 / 소프트볼

(1) 해외 제품

- Ben Hogan-미국-APEX 시리즈
- 브리즈스톤-일본-뉴잉 컬러볼 / 투어스테이지 등
- 캘러웨이-미국
- 던롭-일본 및 인도네시아-DDH 시리즈
- 카스코-일본-실리콘시리브
- 나이키-미국 / 중국
- 테일러메이드-미국
- 타이틀리스트-미국-DT시리즈, PRO 시리즈
- 톱프라이트-미국-XL 시리즈

(2) 국산 제품

- 빅야드-(주) 넥센 제품(타이어 만드는 회사)
- 초이스-(주) 초이스(장갑 / 공 / 연습기 등 전문제조)
- 팬텀-(주) 팬텀(골프용품 제조업체)
- 포원-골프공 제조 신규업체
- 볼빅-(주)볼빅(골프공 하나로 코스닥 상장)
- ROSE-(주) 포스(선물용 로고볼 전문제조업체)

브랜드 이름 및 로고 → 볼을 식별하기 위한 숫자 및 볼 압력 칼라

볼의 커버구조 표시
2피스/3피스/4피스

캐디의 행동지침

1. 캐디의 수칙
2. 캐디의 마음가짐
3. 캐디의 기본복장
4. 캐디의 기본용모
5. 코스에서의 올바른 행동과 표현
6. 코스에서의 상황별 멘트
7. 고객에게 NO라고 해도 되는 상황
8. 고객이 싫어하는 유형의 캐디
9. 고객의 유형별 Needs 예측

제8장
캐디의 행동지침

 캐디의 수칙

- 우리는 플레이어의 협조자임을 명심한다.
- 우리는 복장을 항상 청결, 단정히 한다.
- 우리는 스코어카드 기록을 성의 있게 정확히 기입한다.
- 우리는 코스에서 항상 안전사고에 유의한다.
- 우리는 코스를 항상 청결하게 관리하며 담배꽁초, 오물 등을 발견 시 즉시 수거한다.
- 우리는 고객이 왕이라는 관념으로 항상 친절하고 신속, 정확히 서비스한다.
- 우리는 출발 전(前) 고객의 클럽을 반드시 확인하며 휴대품은 꼭 Check한다.
- 우리는 원활한 코스 진행을 위해 신속한 플레이를 유도한다.
- 우리는 라운딩 종료 후 휴대품을 정확히 인계한다.
- 우리는 클럽청소 및 카트 청소를 항상 깨끗하게 한다.

2. 캐디의 마음가짐

- 항상 밝은 미소로 고객을 대한다.
- 가슴에서 우러나온 마음으로 모든 일에 최선을 다한다.
- 인사는 항상 밝고 명랑한 목소리로 한다.
- 고객이 부르면 명확하고 간단 명료하게 대답한다.
- 바른 자세로 고객을 대한다.
- 경기 도우미로서 자신감과 품위를 갖는다.
- 모든 일을 즐거운 마음으로 한다.

3. 캐디의 기본복장

• 허리 뒷부분에 착용
 - 이어폰 줄이 늘어지지 않게 착용

• 항상 청결하게 세탁한다.
• 구겨 신지 않는다.

• 근무 중 분실 방지를 위해 고리를 허리단에 착용

• 장갑 : 계절별 유니폼에 맞춰서 착용
① 춘추, 하복 착용 시 → 흰색 장갑
② 동복 착용 시 → 검은색 장갑

• 왼쪽 가슴에 부착, 한쪽으로 기울지 않도록 주의

• 계절별 춘추복/하복/동복을 착용
• 항상 깨끗하고 단정하게 다려서 착용
• 상의 단추나 지퍼는 단정하게 끝까지 잠근다.
• 하의는 바지단이 근무화 뒤꿈치 상단에 위치하여 땅에 끌리지 않도록 한다.
• 목티는 느슨하지 않게 옷핀 등으로 고정한다.

4 캐디의 기본용모

1) Accessory

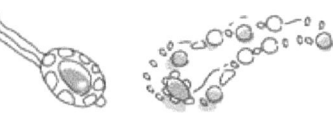

- 반지 착용 금지(×)
- 팔찌 착용 금지(×)
- 귀걸이는 귀 볼에 붙는 것만 허용(○)

2) Make Up

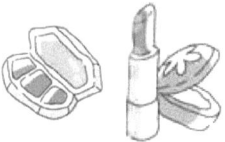

콤팩트 피부색과 유사한 얇고 자연스러운 것
립스틱 붉은 계열(누드, 브라운 색은 피할 것)
눈   너무 눈에 띄지 않게 자연스럽게 화장하지 않는 얼굴은 근무
       금지

3) Hand/Nail

- 항상 청결히 깨끗함 유지
- 손톱은 길지 않게 정리하여 때가 끼지 않게 관리
- Manicure는 투명색만 허용 Make up

4) Hair

- 항상 청결하고 단정한 머리
- 염색 및 브릿지는 금지
- 머리를 올리거나 땋지 말고 망으로 정돈할 것(춘추복/동복 착용 시 땋는 머리 허용)

5) 기본용모 사례

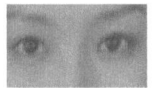

눈 화장은 너무 눈에 띄거나 짙은 색은 피하며 자연스러운 화장을 한다.

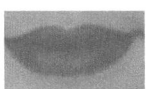

립스틱은 붉은 계열로 누드, 브라운 계통은 피하도록 한다.

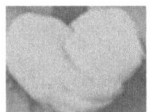

계절별 유니폼에 맞춰서 착용

손톱은 길지 않게 항상 깨끗한 상태 유지. Manicure는 투명한 종류의 색만 허용

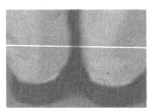

하의는 바지하단이 근무화 뒤꿈치 상단에 위치하도록 입는다.

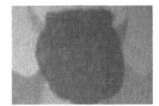

머리는 올리거나 땋지 말고 망으로 씌워야 한다.

귀걸이는 귓볼에 붙는 것만 허용 니시버는 귀에 맞게 착용

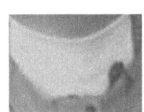

목 윗부분이 느슨하지 않게 옷 핀으로 고정

근무 중 분실방지를 위해 고리를 허리 단에 착용

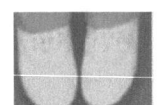

항상 청결하게 세탁 구겨 신지 않는다.

5 코스에서의 올바른 행동과 표현

1) 티잉 그라운드(Teeing Ground)

사 례	화 법	행동요령	잘못된 행동과 표현
Start에서의 첫 인사	안녕하십니까? 도우미 ○○○입니다. 저희 ○○○○을 찾아 주셔서 감사합니다. 좋은 플레이 되십시오.	• 인사는 정중례(25°)로 정중하게 한다. • 두 손을 배꼽에 모아 정중하게 인사한다. • 정돈된 자세로 정중하고 야무지게 인사한다. • 고객님을 한 곳에 모아 눈과 눈을 마주치며 양손을 모아 인사한다. • 다리는 예쁘게 모으고 오른손과 왼손을 교차한 뒤 가볍게 쥐고 25° 각도로 미소 지으며 인사한다. • 밝고 상냥하게 인사한다. • 밝은 표정으로 양손을 모아 양발은 붙이고 어깨선은 굽지 않고 허리와 상체를 반듯이 한다.	• 인사도 없고 멘트도 없는 눈인사만 하는 표현 • 간단한 목례와 성의 없는 말투 • 그냥 하는 일 계속 한다. • 클럽 체크만 신경 쓴다. • 짝다리로 서 있는다. • 말과 인사(행동)를 같이 한다. • 어색하고 딱딱한 표정으로 인사한다. • 하던 일 멈추지 않고 인사한다. • 무표정, 뻐딱한 자세로 인사한다. • 인사도 하지 않고 웃지 않는다. • 웃는 얼굴이 아닌 머리만 까딱 숙이는 인사를 하거나 Start에서의 잡다한 행동 • 고객님을 봐도 못 본 척 한다. • 너무 과장된 인사는 거부감이 들 수도 있다. • 얼굴도 보지 않고 말로만 하는 인사
인사멘트 후 스트레칭	• 잠시 시간적 여유가 있는데 고객님 건강을 위해 스트레칭 몇 동작 괜찮으시겠습니까?	• 고객님 연령에 맞춰서 가벼운 동작부터 구령에 맞춰서 자연스럽게 한다.	• 빨리 끝내려고 구령을 빨리 하거나 너무 힘든 스트레칭을 한다. • 고객이 하지 않겠다는데도 억지로 시킨다.

제8장_캐디의 행동지침

사 례	화 법	행동요령	잘못된 행동과 표현
인사멘트 후 스트레칭	• 죄송합니다. 홀이 비어 있는 관계로 스트레칭 없이 바로 티업하겠습니다.	• 목운동→ 팔운동 → 허리운동 → 다리운동 → 손발풀기(연령에 따라 동작 다르게 한다) • 앞 팀과의 간격을 고려 무리하게 권유하지 않고 간단한 설명과 구령을 붙여가며 한다. • 자연스럽게 유도한다. • 고객의 드라이버 등을 정리한 후 먼저 시범을 보이며 실시한다. • 손은 배꼽에 두고 말하며 스트레칭을 시작한다.	• 홀이 비어 있는데 스트레칭한다. • 성의 없게 거칠게 한다. • (의향을 묻지 않고) 스트레칭하겠습니다. 따라하십시오. • 홀이 비어 있습니다. 바로 티업하겠습니다. • 묻지도 않고, 바쁜데도 굳이 한다. • 카트에 앉아 자기 할 일만 한다. • 고객이 각자 몸 풀도록 놔둔다.
오물이 있을 시	• 고객님 저에게 주세요, 감사합니다. • 주위를 한번 둘러보고 오물을 수거한다. • 쓰레기는 제가 치우겠습니다. • 잠시 줍고 가겠습니다. 실례하겠습니다 (카트에서 발견 시). • 말을 해서 굳이 오물을 보게 할 필요는 없다. • 고객님, 담배꽁초는 재털이에 털어주시면 감사하겠습니다.	• 고객이 들고 있는 쓰레기를 향해 두 손으로 받는다. • 친절히 대한다. 저에게 주십시오. • 주위를 둘러보고 쓰레기 발견 시 수거한다. • 쓰레기, 담배꽁초, 디보트가 있을 시 줍고 간다. 먼저 줍는다. • 고객이 보기 전 신속히 치운다. • 정중히 인사하고 재털이를 가리킨다. • T/G, F/W에서 보이는 즉시 오물을 수거한다.	• 모른 척 한다. • 말만하고 고객님께 버리게 한다. • 저쪽에다 놓으시면 됩니다. • 손가락으로 가리킨다. • 보고도 그냥 지나친다. • 그냥 지나간다. • 방관한다. • 놔둔다. • 담배꽁초 또는 티 수거를 전혀 하지 않는다.

사 례	화 법	행동요령	잘못된 행동과 표현
오물이 있을 시	• (카트 이동 시) "죄송합니다." 멘트 후 신속하게 오물을 수거한다.		
연습 스윙 시	• 고객님 죄송합니다만, 연습 스윙은 티잉 그라운드 밑에서 해주시면 감사하겠습니다. • 연습 스윙은 이쪽 러프에서 부탁드리겠습니다. • (티잉 그라운드에서) 고객님! 연습 스윙은 한 분씩만 부탁드리겠습니다. • 고객님 이곳은 칩샷을 못하게 되어 있습니다. 드라이버는 저쪽 시계탑 옆 부근 러프에서 가능합니다. • 회원님 죄송합니다만, 여기는 사람들이 다니는 곳이라 위험할 수 있으니 스윙연습은 저쪽에서 부탁 드리겠습니다.	• 팔꿈치를 약간 구부리고 손으로 방향을 가리키며 정중히 부탁한다. • 표정은 미안한 표정지으면서 상냥하게 웃으며, 연습가능한 곳으로 유도한다. • 정중히 말한다. • 밝은 미소와 최대한 죄송한 표정으로 부탁한다.	• T/G에서 연습스윙을 해도 그냥 본다. • 티잉 그라운드에서 연습 스윙을 방관한다. • "연습 스윙은 안 됩니다."라고 단호하게 말한다. • 여러 명이서 올라와 연습 스윙을 해도 가만히 놓아 둔다. • 안 돼요! 라고 딱 잘라 말한다.

사 례	화 법	행동요령	잘못된 행동과 표현
홀멘트 (코스 공략)	• 350yd Par 4 홀입니다. 벙커 방향 보고 치시면 좋습니다. • Par 4홀 핸디캡 1번 홀입니다. 이 홀은 슬라이스 홀이어서 그린 좌측에 보이는 소나무 보고 치시면 좋습니다. • Par 5홀입니다. 우측 벙커 좌측 보고 치시면 좋습니다. 좌측 OB, 우측 150yd 지점부터 OB입니다. • Par 4 좌측 도그렉 홀입니다. 벙커 좌측 보고 치시면 좋습니다.	• 두 손으로 한쪽 팔꿈치를 펴고 공략 지점인 방향으로 방향 제시한다. • 드라이버를 주면서 깔끔한 언어로 정중히 설명한다. • 가이드Map을 보여드리며 설명한다. 여러 고객이 들을 수 있게 명확한 발음으로 또박또박 말한다. • 손동작과 함께 방향 지시를 하며 자연스럽게 설명한다. • 적극적으로 고객님의 눈을 마주치며 어드바이스한다.	• 벙커 방향 보고 치십시오. • 볼은 안 보고 자기 할 일만 한다. • Par 4홀입니다. 그린 좌측 보십시오(명령어식 표현). • 물어보기 전에 말하지 않는다. • 아무 말 없이 드라이버만 준다. • 클럽정리를 하면서 고객은 쳐다보지 않고 말로만 설명한다. • 아무런 설명 없이 홀멘트만 한다. • 작은 소리로 말한다.
Par 3홀에 도착 시	• 150yd입니다. 몇 번 클럽 사용하시겠습니까? • 실거리 184yd Par 3홀입니다. 내리막, 앞핀 감안해서 165yd 보시면 좋습니다. 바람은 훅성 뒷바람입니다. 바람 따로 감안하시면 좋습니다.	• 거리를 먼저 말하고, 손님의 클럽 선정을 도와준다. • 앞팀이 홀아웃한 것을 확실히 확인하고 치라고 한다. • 바람 부는 방향을 먼저 확인 후 거리를 말하고 클럽을 준다. 대답과 함께 신속하게 클럽을 가져다 준다.	• 거리 및 코스를 어드바이스하지 않는다. 핀 위치도 설명 안 하고 거리만 말한다. • 고객이 물어봐야 대답을 한다. • 앞팀이 이동하기 전에 미리 치라고 한다. 스코어카드 기록만 하고 카트에 앉아 있는다. • 진행이 밀리는데도 가만히 있는 행위

사 례	화 법	행동요령	잘못된 행동과 표현
Par 3홀에 도착 시	• 내리막 감안해서 180yd Par 3홀입니다. 훅성 뒷바람입니다. 핀 우측 보시면 좋습니다. • 내리막 10yd 감안해서 125yd 입니다. 몇 번 클럽 사용하시겠습니까?	• T/G에서 그린이 전체적으로 내리막이라서 좀 짧게 보는 게 좋다고 말한다. • 또박또박 정확하게 멘트한 후 티에 올라가서 부러진 티를 줍고 디보트한다.	• 고객이 다 친 후 티를 그냥 두고 와도 그냥 내버려 둔다. • 그냥 거리만 성의 없게 대충 말한다. • 고객이 헷갈리게 혼자 거리, 바람, 내리막 다 감안해서 이야기한다.
앞 팀이 세컨샷 지점에 도착했을 때	• 앞 팀이 아직 플레이 중이라서 잠깐 시간이 남는데 준비해 온 커피나 음료 하시겠습니까? • 고객님 앞 팀이 홀아웃 전이기 때문에 홀아웃하고 카트 이동 후 치도록 하겠습니다. • 어프로치 지점 이동 후 치도록 하겠습니다. • 고객님 죄송합니다. 조금 기다렸다 치시겠습니다. 기다리시는 동안 커피 한 잔 드릴까요?	• 거리, 바람, 내리막, 그린 오버 홀의 OB여부를 상세히 설명 샷 티가 없을 경우 가지고 있는 샷 티를 꽂는다. • 미리 클럽을 주고 앞 팀이 홀아웃하는 것을 지켜 본다. • 먼저 준비할 수 있도록 멘트 후 드라이브를 건넨다. • 앞 팀이 안전거리에 도달했는지 확인한다. • 미리 티업을 준비하도록 부탁한다. • OB나 홀설명을 더해주거나 커피나 음료를 드려서 조금 쉬게 한다. • 앞 팀이 샷이 끝나고 난 후 카트 이동을 꼭 확인시켜 준다. • 고객께서 연습 스윙인지 치려는지 확인한다.	• 치려고 하면 제재한다. • 티샷을 못하게 꼭 말해드리고 앞 팀 세컨 후 진행한다. • 준비해 온 차를 제공한다. • 고객에게서 눈을 떼지 않는다. • 거리와 바람 등을 말하지 않는다. • 미리 클럽을 주고 그냥 치도록 놔둔다. • 치려고 할 때 방관한다. • 기다렸다가 치십시오 (직선적인 말투). • 앞 팀 확인하지 않고 그냥 친다. • 알아서 칠 때까지 기다린다. • 바람, 지형을 고려하지 않고 성급한 티샷을 유도한다. • 고객이 칠 때까지 기다린다.

사 례	화 법	행동요령	잘못된 행동과 표현
앞 팀이 세컨샷 지점에 도착했을 때	• 앞 팀이 세컨 샷 중이십니다. 세컨 샷하고 앞으로 이동하시면 플레이 시작하겠습니다. • 고객님 이제 티샷 준비하셔도 되겠습니다. • 죄송합니다만, 고객님들은 거리가 많이 나셔서 만일을 위해서 앞 팀 세컨 샷 후 이동하시면 티샷 부탁드리겠습니다. • 오너분 준비 부탁드리겠습니다. 벙커 방향 보고 치시면 좋습니다.		• 고객이 드라이버를 빼든 말든 상관하지 않고 멘트도 하지 않는다. • 카트 이동을 확인하지 않는 행동.

2) 페어웨이(Fairway)

사 례	화 법	행동요령	잘못된 행동과 표현
클럽을 드릴 때	• 네, 고객님 5번 아이언 맞으십니까? • 5번 아이언입니다. • 클럽 드리겠습니다. • 고객님 150yd 앞바람입니다. • 6번, 7번 아이언입니다. 괜찮으십니까? • 고객님, 앞바람이 있어서 8번, 9번 클럽 가져왔는데 괜찮으십니까?	• 클럽 헤드부분이 고객께서 볼 수 있도록 한다. • 공손히… • 거리를 파악하고 먼저 클럽을 선택해서 갖다 준다. • 두 손으로 공손히 드린다.	• 한 손으로 주거나 그립으로 줄 때 건성으로 건네거나, 먼 산을 쳐다보며 준다. • 고객이 말할 때까지 카트에서 기다리며, 한 개의 채만 선택해서 준다. • 한 손으로 건넨다.
그린의 경사가 심해서 볼의 낙하 지점이 보이지 않을 때	• 고객님 바운드 맞고 카트도로 방향으로 간 것 같습니다. 혹시 위험할 수 있으니까 하나 더 치고 나가는게 어떻겠습니까? • 고객님 온 되신 것 같은데 정확한 것은 가서 확인해 보겠습니다.	• 잠정구를 칠 수 있게 미리 볼을 준비한다. • 최대한 볼 방향으로 가서 신속히 본다. • 공손하게 얘기한다. • 밝은 미소로 고객님을 안심시키는 말투로 말한다. • 약간 아쉬운 표정을 짓는다. • 두 손으로 공손하게 위치를 설명한다. • 볼 낙하지점을 잘 봐야 되고, 그린 주위에 벙커가 있는지 확인하고 OB는 아닌지 확인해야 한다.	• 아무런 응대를 하지 않는다. • 단정지어서 얘기하지 않는다. • 그린에서 오버 됐습니다. • 그린에 있습니다. • 볼이 안 보인다고… 그냥 멘트, 잘 모르겠다는 식으로 표현한다. • 볼 낙하지점을 안보고 무조건 괜찮다고 말한다. • 물어봐도 모른 척 가버린다. • '온그린 된 것 같아요'라며 신경 쓰지 않는다. • 안 보이는데요. 핀에 볼이 가까이 있는 것 같습니다.

사 례	화 법	행동요령	잘못된 행동과 표현
그린의 경사가 심해서 볼의 낙하 지점이 보이지 않을 때	• 고객님 경사가 심해 뒤로 좀 오버되었을 것 같습니다. 빨리 가서 확인해 보겠습니다. • 내리막이라 좀 오버된 것 같습니다. • 볼이 위험하진 않습니다. 중앙에서 약간 우측인데요, 마운드 때문에 보이지 않아서 앞에 나가서 확인해 드리겠습니다. • 그린의 경사가 심해서 잘 보이진 않지만 온 되신 것 같으니 앞에 가서 확인해 보겠습니다. • 죄송합니다만, 가서 봐야 될 것 같습니다. 제가 보기에는 괜찮을 것 같습니다. • 핀 가까이에 있는 것 같습니다. 가서 확인해 보겠습니다.	• 볼 치고 떨어지는 순간까지 잘 보려고 한다. • 신속히 낙하지점을 확인해 방향을 잘 말해준다. • 재빠른 행동으로 그린으로 가서 확인시켜 준다. • 되도록 성의 있게 낙하지점 설명한다. • 그린에 떨어졌을 때 바운드 정도나 바람을 감안해서 낙하 지점 설명한다. • 볼 낙하 방향을 가르친 뒤 볼을 찾으려 뛰어간다. 어프로치 한 두 개는 가져간다. • 혹시 온 확인이 안 됐으니 어프로치 클럽도 같이 가져가 본다. • 볼의 위치를 확인해 드리지 못해 죄송하다는 마음으로 공손하게 말한다. • 고객의 볼이 낙하될 때까지 끝까지 확인한다.	• 단정지어 말해 버린다. • 그린 방향이라고 온된 것 같다는 확실한 느낌의 어투는 피한다. • 손님은 온이 된 줄 알고 퍼터만 들고 가는데도 아무 말도 안하고 어프로치 채도 안 주는 것 • 그린에 대해서 설명도 안하고, 내 할 일만 한다. • 경사 때문에 당연히 안 보인다는 투로 말한다.

사 례	화 법	행동요령	잘못된 행동과 표현
그린의 경사가 심해서 볼의 낙하 지점이 보이지 않을 때	• 고객님 잠시만 기다려 주시겠습니까? 제가 가서 낙하지점 확인해서 말씀 드리겠습니다. • 고객님 그린을 맞은 것 같은데 가 봐야 할 것 같습니다. 아마 온 그린된 것 같습니다. • 그린의 경사가 심해서 보이지 않습니다. 뒤로 내리막이라 넘어간 것 같습니다. • 죄송합니다만, 그린의 언듈레이션이 심해서 낙하지점을 정확히 확인하지 못했습니다. • 고객님 볼 위치가 약간 위험하지만 온 그린은 가서 확인해야 될 것 같습니다.		
볼이 떨어진 위치 설명	• 고객님 F/W로 잘 갔습니다. • 오른쪽 러프에 있는 것 같습니다. 괜찮습니다.	• 볼이 떨어진 위치를 설명한다. • 볼의 위치를 가리킨다. • 나무나 벙커 특징적인 곳을 말한다. • 얼른 가서 볼이 있는 지점을 확인하고 클럽을 바꿔 준다.	• 잘 갔습니다. • 볼은 아예 보이지도 않고 위치도 모른다. • 그린 앞 벙커 쪽인 것 같습니다. • 대충 떨어진 지점만 말한다. • 200yd 말뚝에 있습니다.

사 례	화 법	행동요령	잘못된 행동과 표현
볼이 떨어진 위치 설명	• F/W 좌측 150yd 지점 쯤에 떨어졌습니다. • F/W 중앙 약간 좌측입니다. • 고객님 약간 슬라이스 바람이라 F/W 우측 러프쪽에 있습니다. • 페어웨이 오른쪽으로 약간 넘어서 러프 150yd 말뚝 오른쪽으로 간 것 같습니다. • 200yd 말뚝 앞에 떨어져 있습니다. • F/W 우측 120yd 지점입니다. • F/W 약간 우측입니다. 우측 B러프지역입니다. • 좌측 큰나무 약간 우측으로 갔습니다. • 그린에 런이 있어서 약간 오버된 것 같습니다. • 벙커 근처인 것 같습니다. 가서 다시 확인하겠습니다.	• 거리를 알려준 후 클럽 선택을 도와준다. • 볼의 위치를 가리킨다. • 두 손으로 방향을 제시한다. • 가능한 눈에 띄는 지형물 기준으로 설명한다. • 그린 주위에서 어떤 어프로치를 사용하는지 파악한다. • 알아보기 쉬운 방향에서 되도록 정확히 말한다. • 최대한 고객이 기분이라도 좋을 수 있게 안심의 멘트를 한다. • 가벼운 손짓을 하며 자세히 설명한다.	• 못 봤습니다. • F/W 오른쪽입니다. • 저기 오른쪽으로 간 것 같은데요 • 고객님 물음에 몰라서 아무 대답도 안한다. • F/W에 떨어졌어요 • 벙커라고, OB라고 직접 얘기한다. • "저기요 저기"라고만 말한다.

사 례	화 법	행동요령	잘못된 행동과 표현
볼이 떨어진 위치 설명	• 네! 저기 마운드 보시죠, 거리목 바로 아래에 있습니다.		
경기 진행이 지체될 때	• 고객님 죄송하지만, 이동 중에는 빠른 걸음 부탁드리겠습니다. • 고객님 죄송하지만, 진행협조 부탁드리겠습니다. • 고객님 죄송합니다만, 앞 홀이 비어 있습니다. 조금만 빨리 플레이 부탁드리겠습니다. • 공략을 간단명료하게 설명한다. • 고객님 죄송합니다만, 앞 팀과의 간격이 있어서 이번 홀만 카트로 이동해 주시면 감사하겠습니다. • 경사도와 핀 위치, 그린 주변 장애물을 함께 알려드린다. • 앞 팀과의 간격이 좀 많이 난 것 같습니다.	• 걷는 것보다 카트이동을 유도한다. • 내가 먼저 빠르게 움직인다. • 신속하게 클럽을 전달하고 뛰어다닌다. • 고객의 빠른 진행을 위해 뛰어다닌다. 진행을 빨리 할 수 있게 신속하게 클럽 선택 및 어드바이스한다. • 정중하면서도 미안하지만 양해를 구한다. • 고객께서 부담 느끼지 않을 수준에서 먼저 이동하거나 행동하도록 한다. • 기분이 나쁘지 않게 알아 들을 수 있도록 정중히 멘트한다. • 고객 숙여 정말로 부탁드리는 마음으로 앞 팀, 뒤 팀 최대한 경기 진행에 신경 쓰며 경기진행을 유도한다. • 고객님의 기분을 상하지 않게 밝은 미소로 빠른 진행을 유도한다. • 좀 더 민첩하고 신속하게 움직이는 모습을 보여주고 고객님이 짜증나지 않도록 진행유도 멘트한다.	• 먼저 달려가서 빨리 오라고 한다. • 진행에 신경 안 쓰고 방관한다. • 인상 쓰면서 고객님들이 눈치보게 만든다. • 진행에 신경 쓰지 않고 걸어 다닌다. • 무시한다. • 앞 팀 따라가야 돼요, 빨리 해 주세요 • 너무 재촉하며 "빨리 하세요"하며 인상 쓴다. • 경기 진행을 방관한다. • 느긋이 행동한다. • 진행이 많이 밀려 있습니다. • 빨리 해 주세요. • 듣던 말던 신경 안 쓴다. • 경기 진행을 방관한다. • 강압적인 말투로 경기 진행을 빠르게 할 것을 강요한다(어서 치세요. 등). • 저희 진행이 너무 늦었으니 빨리치고 앞 팀 따라 가겠습니다. • 진행유도 멘트는 하고 본인이 서두르는 모습이 없을 때

사 례	화 법	행동요령	잘못된 행동과 표현
경기 진행이 지체될 때	• 죄송합니다만, 조금만 서둘러 주십시오. • 고객님 죄송합니다만 저희가 약간씩 진행이 지체되어서 진행에 신경 쓰셔야 되겠습니다. • 고객님 죄송합니다만, 원활한 경기 진행을 위해 플레이를 조금만 서둘러 주시면 감사하겠습니다. • 고객님 죄송하지만 저희가 조금 진행이 한 템포 느린 것 같습니다. 티샷은 천천히 하되 이동은 조금 서두르겠습니다.		

3) 그늘집 & 스타트하우스

사 례	화 법	행동요령	잘못된 행동과 표현
식사 주문 시	• 고객님 저희 골프장은 이번 홀 끝나서 식사가 가능합니다. 식사 주문 하시겠습니까? • 고객님 식사류로는 양곰탕, 우동, 짜장면, 비빔밥이 있는데 바로 드실 수 있도록 미리 주문해 드리겠습니다. • 고객님 식사는 무엇으로 하실 건지 말씀해 주시면 제가 미리 주문해 놓겠습니다. • 고객님 9홀 끝나고 혹시 간단히 식사하시겠습니까? 식사는 제가 주문해 드리겠습니다. 메뉴는 ○○, ○○○이 준비되어 있습니다. 식사는 무엇으로 드시겠습니까? • 고객님 이제 스타트하우스인데 출출하시면 식사 주문해 드리겠습니다.	• 질문하면 그에 따른 대답을 한다. • 9홀 T/G에서 설명한다. • 진행실로 전화해서 식사 가능한지 확인하고 주문한다. • 9번 티잉 그라운드에서 주문한다. • 진행상황을 보면서 미리 말한다. • 메뉴를 파악해 드리고 신속히 주문한다. • 보통 티박스에서 주문하기 때문에 고객님 어드레스에 방해되지 않게 조용히… • 메뉴를 말하고 드실 음식 확인 후 전화 주문을 한다. • 마지막 T/G에서 진행 흐름을 파악하고 물어본다. • 최대한 공손히 메뉴는 정확히 설명한다.	• 나인 9홀에서 식사주문 잊고 그린 끝나서야 물어본다. • 식사 하실거예요? • 앞 팀과의 거리를 생각하지 않고 식사 주문을 받는다. • 메뉴는 말 안하고 무엇을 드실 것인지만 물어본다. • 스타트하우스 가서야 물어본다. • 고객님이 물어보기 전에 말하지 않는다. • 바쁜데 왜 들릴 수 없는지 설명하지 않고 꼭 들리고 할 때 너무 강압적으로 저지한다. • 뭐 먹으실래요? or 식사는 안 됩니다. • 티업시간 도우미 소개 없이 경기 진행 흐름에 상관없이 주문을 한다. • 메뉴를 말씀 드리지 못하거나 식사요? 뭐 드시겠어요?(귀찮은 듯…)

사 례	화 법	행동요령	잘못된 행동과 표현
식사 주문 시	• 네, 식사 가능합니다. 메뉴는 ○○이 있습니다. 무엇으로 하시겠습니까? • (진행실에 주문할 때) Lake 7시 35분 도우미 ○○○입니다. 식사 주문하겠습니다. 짜장면 2, 우동 2 주문입니다.		
식사 시 or 식사 후	• 고객님 식사 맛있게 드셨습니까? 커피 한 잔 하시겠습니까? • 식사 맛있게 하십시오. • 나오실 때는 이쪽으로 오시면 됩니다. 식사 맛있게 드시고, 카트는 저 앞쪽에서 대기하겠습니다. • (시간적 여유가 있을 때) 천천히 드시고 나오시면 됩니다.	• 커피를 주면서 질문 • 스타트하우스에 내려드리면서 다 내리면 말한다. • 밝게 웃으면서 음식이 맛있었는지 물어본다. • 물 등을 보충하고 클럽을 체크하며, 다음 플레이를 준비한다. • 카트에서 내려서 정중하게 멘트한다. • 식사 후 인코스 입구가 어느 곳인지 설명해 준다. • 내리기 편한 장소에 세워 들어 가시게 한 후 카트 대기 장소에서 대기한다.	• 시간이 없어서 빨리 드시고 오세요 • 잘 먹었는지 말았는지 아무 말도 하지 않는다. • 고객님이 나왔는데도 나오지 않고 수다를 떤다거나 밥을 먹고 있다. • 들어가든지 말든지 카트에 가만히 앉아서 묵묵히 내 일만 한다. • 그냥 아무 말도 없이 스타트하우스 앞에 내려주고 먼저 들어가 버린다. • 아무런 행동도 안하고 "출발하겠습니다."라고 말한다. • 카트 정리(클럽 정리)를 하지 않고 바로 그늘집으로 들어가 버린다.

4) 벙커

사 례	화 법	행동요령	잘못된 행동과 표현
고객님이 벙커 고르기를 하지 않는 경우	• 죄송하지만, 벙커 정리 부탁드리겠습니다. • 죄송하지만, 벙커 정리는 고객님께서 직접 해 주시면 감사하겠습니다. • 고객님 번거로우시겠지만 벙커 정리 부탁드리겠습니다. 감사합니다. • 고객님 죄송합니다. 뒤에 플레이하시는 분들을 위해 벙커정리 부탁드리겠습니다. • 고객님 다음 홀에서는 벙커 샷 후 벙커 정리 해 주시면 감사하겠습니다. • (진행이 원활하지 않을 때) 벙커정리는 제가 하겠습니다. 다음 샷 준비하셔도 좋습니다.	• 부탁하듯이 정중하게 말한다. • 고르개를 집어 준다. • (진행이 늦을 때) 벙커 정리는 제가 하겠습니다. • 바쁘지 않으면 고객과 같이 정리한다. • 앞쪽 벙커에 빠진 경우 진행을 위해 캐디가 대신 벙커를 정리한다. • 벙커 쪽으로 가서 클럽을 받아 든 뒤 고객님께 약간 숙이며 부탁한다. • 멘트 후에도 하지 않으면 직접 캐디가 빨리 한다. • 공손히 부탁하고 말과 동시에 내가 하는 모습을 보여준다.	• 방관한다. • 고객이 하지 않으면 캐디도 하지 않는다. • 벙커 정리멘트도 하지 않고 그냥 지나쳐 버린다. • 벙커 정리에 무관심하다. • 고객님, 벙커 정리는 직접하셔야 합니다(강압적으로 말함). • 다음 팀 신경 쓰지 않는다. 벙커 정리하지 않고 홀 아웃한다.

5) 그린

사 례	화 법	행동요령	잘못된 행동과 표현
볼 마크	• 볼 마크하겠습니다. • 고객님, 원활한 진행을 위해 마크 부탁드리겠습니다. • 고객님 수고스럽지만, 마크 부탁드리겠습니다.	• 한쪽 무릎은 구부리고 다소곳이 앉는다. • 마크를 들고 공손히 앉아서 한다. • 정돈된 자세로 신속히 한다. • 어프로치나 퍼팅 라인 선 상에 있을 때 미리 마크한다. • 그린 상에서 뛰거나 퍼팅 라인을 넘어서는 안 된다. • 신속하게 먼 사람부터 볼을 닦아 준다. • 마크하고 볼을 집는다. • 급하게 마크 하더라도 예쁘게 앉아 마크한다. • 마크 안하는 분들은 내가 직접 라인을 놔 준다. • 신속한 플레이를 위해 최단거리를 이용한다.	• 엉덩이를 세우고 마크 한다. • 그린보수를 안하고 라인만 놓고 일어난다. • 고객님, 마크하세요. • 타 골프장 마크로 마크 한다. • 라인을 밟고 다닌다. • 마크하지 않고 마크해 주실 때까지 기다린다. • 마크도 하지 않고 볼을 잡는다. • 말 없이 그냥 마크하지 않는다.
그린에 경사도를 어드바이스 할 때	• 약간 오르막 좌측입니다. • ○○○에는 착시가 있습니다. 보이는 것보다 더 보시면 좋습니다. • 오르막 좌측 끝 정도 보시면 좋습니다.	• 반대편에서 한 번 다시 봐 준다. • 내리막이나 오르막으로 손으로 표현한다. • ○○○ 위치와 바다 위치를 알려 드린다. • 신중하고, 차분하며 명료하게 말한다. • 눈높이를 맞추어 봐드리고 반대편에서도 확인한다. • 어느 지점까지 보내야 하는지를 말한다.	• 발이나 클럽으로 가리키면서 어느 쪽으로 보세요. • 내리막 많이 보세요. • 너무 확신하거나 방관자적인 태도를 취한다. • 단어 하나로 끝나는 표현을 한다. • 오른쪽 보세요 • 고객님과 먼 곳에서 소리친다. • "보세요"라고 명령어를 사용한다.

사 례	화 법	행동요령	잘못된 행동과 표현
그린에 경사도를 어드바이스 할 때	• 이 홀이 ○○○ 착시현상이 많습니다. 좌측이 ○○○ 방향이라서 반대쪽이 높아 보여도 우측이 높습니다. • 고객님 저희 골프장이 대부분 ○○○ 쪽이 높고 바다 쪽이 낮습니다. • 제가 생각하기에는 오른쪽이 높은 것 같습니다. • 고객님 저희는 ○○○ 착시가 있어서 보이는 것보다 차이가 있습니다. • 내리막입니다. 뒤에 ○○○이 있어서 보이시는 것보다 심한 내리막으로 보셔야 좋습니다. • 제가 보기엔 좌측으로 조금 보내고 약간 오르막으로 치시면 좋습니다. • 제 생각엔 약간 내리막이며 오른쪽으로 반 클럽 보시면 좋을 것 같습니다.	• 볼을 깨끗이 닦아서 볼 라인을 맞춰 준다. • 자신 없을 땐 '제 생각에는' 이란 말을 붙여서 말한다. • 신속히 먼 볼부터 깨끗이 닦아 볼 라인을 맞춰놓고 한번 더 확인한다. • 구체적으로 홀컵이나 볼 단위로 어느 쪽으로 흐르는지 알려준다. • 심한 또는 평지성 정확히 말한다. • ○○○ 위치를 설명하며 자신감 있게 표현한다. • 고객쪽으로 다가가서 조용히 밀착 서비스를 해 준다. • 내리막일 때 오르막일 때 라인을 더 상세하게 멘트한다. • 내리막이 끝나는 부분과 오르막이 있는 부분을 말한다.	• "우측 보세요"라며 명령어를 사용한다. • 그냥 대충 성의 없이 말한다. • 말은 안하고 자기 할 일만 한다. • 내리막 많이 보세요(단정적인 멘트를 한다). • "좌측이 높아요"하며 가 버린다. • 자신 없는 목소리로 말한다. • 그린에서 분주하고 시끄럽게 오르막, 내리막만 말해서 다시 물어 보게 만든다. • 단정적인 말투와 행동을 취한다. • 확실하다는 듯한 언어를 사용한다. • 머뭇거리는 행동과 말투를 취한다. • 네, 아니오 하는 짧은 말투로 말한다.

사 례	화 법	행동요령	잘못된 행동과 표현
그린에 경사도를 어드바이스 할 때	• 고객님 평지로 보이시지만 ○○○ 영향을 받아 오르막으로 보시는 게 좋습니다. • 내리막이 있으나 심하지는 않습니다. 평지에 가깝게 보시는게 좋습니다. • 내리막 슬라이스입니다. 제가 봤을 때 홀 2컵 정도 보시면 좋을 것 같습니다. • ○○○은 앞에 보이는 발이 오른쪽입니다. • 평지보다 조금 더 오르막으로 보시는 것이 좋을 것 같습니다. • ○○○ 특성상 마운틴 브레이크가 있습니다.		
"S자" 라인 설명할 때	• S자 라인입니다. 스트레이트로 보시면 좋습니다. • 처음은 우측 끝에서 좌측입니다. • 거의 바로 보시면 좋습니다.	• 제스처로 S자 굴곡을 설명한다. • 라인의 흐름을 가리키며 S자 라인이라도 어느 쪽이 더 높은지 잘 보고 어드바이스한다. • 한라산 위치와 마운드 위치를 잘 설명한다.	• S자 라인 멘트없이 무조건 바로 보라고 한다. • S자 라인입니다. • 마운드를 설명하지 않고 전체적으로 좌측 끝을 보시면 좋습니다(단정짓는 멘트). • 방관한다.

사 례	화 법	행동요령	잘못된 행동과 표현
"S자" 라인 설명할 때	• 시작은 왼쪽이 높지만 홀컵에선 좌측이 높으므로 바로 보시면 좋습니다. • 시작은 우측이 높지만, 언덕 지나서는 좌측에 라인이 상당히 많습니다. • S자 라인이지만 좌측을 보고 치시는 게 좋을 것 같습니다. • 우측에 마운드가 있기는 하지만 홀 컵 주위에선 좌측이 높은 S자 라인입니다. • 마운드 부분을 지나면 슬라이스 라인입니다. • 좌측에 마운드가 있어서 좌측이 높아 보이지만 홀컵 주변엔 ○○○ 영향을 받아 오른쪽이 높습니다. 바로 보셔도 좋을 것 같습니다.	• 맞은 편에 가서 다시 한번 확인하고 S라인을 설명한다. • 볼의 흐름과 핀위치의 정확한 위치를 알려준다. • 민첩하게 고객님 볼의 위치에서 라인을 설명한다.	• 난감해 하며 불분명하게 말한다.
"ㄱ"자 라인 설명할 때	• 심한 내리막입니다. 한 클럽 이상 보시면 좋습니다.	• 브레이크 지점을 짚어준다(손 방향 또는 그립 방향으로).	• 그린에 대면서 "여기요"라고 성의 없이 말한다.

사 례	화 법	행동요령	잘못된 행동과 표현
"ㄱ"자 라인 설명할 때	• 그린 경사가 생각보다 좀 심합니다. • 클럽 하나 이상 보시면 좋습니다. • 우측 마운드 타고 좌측으로 많이 흐릅니다. • ○○○쪽이 높아서 옆 라인이 상당히 많습니다. 이 정도의 라인을 감안해서 퍼팅하셔야 될 것 같습니다. • 경사가 심해서 90도 이상 왼쪽으로 보시는게 좋습니다. • 슬라이스가 많습니다. 내리막이 있어서 좌측으로 거의 ㄱ자 두 클럽 이상 보시는게 좋을 것 같습니다. • 고객님, 여기는 훅 라인이 많아서 한 클럽 이상 우측으로 보시면 좋습니다. • 브레이크 지점부터 내리막이 아주 심합니다.	• 볼의 브레이크지점을 정확히 설명한다. • ○○○ 방향, 마운드 방향으로 볼을 놓아준다. • 스피드를 어느 정도 보내야 하는지 잘 설명한다.	• "라인이 엄청 많아요" 라는 멘트를 한다. • 신발이나 핀으로 가리키며 대충 말한다. • 많이 꺾이는 라인입니다. • 성의 없게 대충 말한다.

사례	화법	행동요령	잘못된 행동과 표현
핀을 꽂을 때	• (고객님이 핀을 꽂아 줄 경우) "감사합니다." • 핀 꽂겠습니다. • 홀 아웃하겠습니다.	• 핀을 꽂고 정중히 인사하고 신속하게 홀아웃한다. • T/G 방향 후속 조를 향해서 30° 각도로 정중히 인사 후 신속히 이동한다. • 소리가 나지 않도록 얌전히 꽂는다. • 기다리게 해서 죄송하다는 뜻을 담아 정중히 인사한다(30°). • 바른 자세로 인사한 후 홀아웃한다.	• 핀 잡고 대충 인사한다. • 한 손으로 막 꽂은 후에 인사도 안하고 홀아웃한다. • 소리 나게 대충 꽂는다. • 핀을 대충 꽂는 경우(옆으로 쓰러지는 경우가 간혹 있음) • 인사하면서 핀을 꽂는다. • 흐트러진 자세로 핀을 꽂거나 인사도 하지 않고 홀 아웃한다.
성원의 소리	• "굿 샷", "나이스 샷", "나이스 온" • "나이스 어프로치", "나이스 파" • "나이스 버디", "럭키" • "원더풀 샷", "뷰티풀 샷" • "엑셀런트"	• 밝은 목소리로 크고 명랑하게 박수치며 환호한다. • 함께 기뻐하되 저조한 성적의 고객을 배려한다. • 웃는 얼굴로 큰 소리로 흥을 돋운다. • 플레이어 입장에서 즐거운 마음을 담아 웃으며 성원의 소리를 한다. • 고객이 힘이 날 수 있도록 밝고 경쾌하게 한다.	• 낮은 목소리로 성원의 소리에 인색하게 한다. • 무반응이거나 잘못된 오버 성원을 한다(보기인데 "나이스 파"와 같은 경우). • 어눌한 말투, 작은 소리, 진심 없는 없는 듯한 말투 • 무관심하게 "나이스"만 하고 만다.

코스에서의 상황별 멘트

1) 메인에서 고객과의 첫 만남 시

- 날씨가 너무 화창합니다.
- 패션감각이 남 다르십니다.
- 상쾌한 아침입니다.
- 편히 주무셨습니까? 좋은 아침입니다(투숙 고객님).
- 오늘 날씨와 딱 맞는 옷차림이십니다(주의 : 날씨가 좋지 않은 날은 금물).
- 오늘 바람 없이 운동하기 적합한 날씨입니다.
- 회원님은 역시 베스트 드레서입니다.

2) 티잉 그라운드에서

질문 여기는 야드예요? 미터예요?

답변 고객님 저희는 전부 야드로 표시되어 있습니다.
카트도로와 거리목의 야드는 그린 센터 기준의 거리입니다.

답변 네, 저희는 거리표시가 야드로 되어 있고요, 센터까지의 거리입니다.
오늘의 핀 위치는 센터에서 약 10야드 정도 앞에 있습니다.

답변 네, 고객님 저희 골프장은 야드목으로 되어 있고요,

카트도로와 페어웨이 중간 중간에 놓여진 스프링클러에 센터까지의 거리가 표시되어 있습니다.

답변 네, 저희는 야드로 표시합니다. 흰색 말뚝에 빨간 줄 하나가 100yd, 두 개가 150yd, 3개가 200yd까지 표시되어 있습니다. 도로와 스프링쿨러에는 숫자로 표시되어 있습니다.

질문 여기는 OB가 많은가?

답변 억새가 많이 식재되어 있지만, OB는 많지 않고 거의 해저드 말뚝이 있거나 해저드 처리를 하고 있습니다. 해저드 처리하시면 됩니다.

질문 여기 OB 티 있어요?

답변 네, 고객님 저희 골프장은 OB 티는 따로 준비되어 있지 않습니다. 잠정구 치고 가시는게 좋습니다.

답변 저희 골프장은 전 코스에 OB 티와 해저드 티가 따로 없습니다. 플레이하시는 팀의 로컬룰에 의해 앞에 나가서 진행할 수는 있습니다.

질문 『그린 맵을 가르키며』 이건 뭐예요?

답변 네, 그린 맵입니다. 녹색이 진한 부분이 높은 곳이고, 연한 부분이 낮은 곳입니다. 숫자는 그린센터 기준으로 앞·뒤 야드표시입니다. 이 자석이 핀 위치를 나타냅니다. 오늘의 핀 위치는 그린 좌측 9시 방향 중핀입니다.

질문 그린은 어때요?

> **답변** 저희 그린은 대체적으로 단단하고 반동이 많습니다. 난이도는 고객님들께서 재미있다고 하시는 편입니다.
>
> **답변** 『상황에 따라서』 그린이 딱딱하고 런이 많은 편입니다. 잔디 관리를 위해 에어레이션 작업을 한 상태입니다. 배토를 한지 얼마 되지 않아 그린은 빠르지 않습니다. 그린이 얼려 있어서 잘 구릅니다.
>
> **답변** 오늘의 핀 위치는 6시 방향 앞핀입니다(빨간 깃발). 어프로치는 10yd 짧게 치시는 것이 좋습니다.

질문 연습장은 어디 있어요?

> **답변** 연습장은 진입로 입구 경비실 맞은편에 있습니다.

질문 연습 스윙은 어디서 하면 되나요?

> **답변** TEE OFF 전 간단한 연습스윙은 티잉 그라운드 러프 쪽에서 가능합니다.
>
> **답변** 고객님 연습 스윙은 러프나 시계탑 옆에서 부탁드리겠습니다.

질문 여기서 연습스윙해도 되요?

> **답변** 고객님 죄송하지만, 티잉 그라운드 러프에서 연습 부탁드리겠습니다.

질문 어디 보고 치면 될까요?

> **답변** 네, 이 홀은 슬라이스 홀이기 때문에 좌측 벙커 우측 보고 치시면 좋습니다.

답변 고객님, 전방에 보이는 벙커 우측 보시고 치시면 좋습니다. 좌측 해저드, 우측 OB지역입니다.

질문 여긴 몇 홀입니까?
답변 네, 저희 골프장은 36홀입니다.

질문 여기는 어떤 T/G를 사용하면 됩니까?
답변 네, 저희는 블루, 화이트, 옐로우, 레드 총 4개의 티가 있고 화이트티가 기준입니다.

질문 『티잉 그라운드에서』 지금 쳐도 되나요?
답변 네, 치셔도 좋습니다.
답변 앞팀이 세컨샷 하시면 치도록 하겠습니다.
답변 앞팀이 멀리 보이는 벙커를 지나면 진행하겠습니다.

질문 『티마크 가리키며』 이거 생화예요? 조화예요? 꽃이 없을 땐 무엇으로 해요?
답변 네, 생화를 사용하고 있습니다. 봄, 여름, 가을까지는 생화로 티마크를 표시하고 겨울에는 돌에 색을 칠해 표현하고 있습니다.
답변 네, 계절에 따라 티 박스에 색깔에 맞춰 생화로 나타냅니다.

질문 여기 어려운가요?
답변 그다지 어렵지 않습니다. 홀이 한눈에 들어와서 편안하게 치실 수 있을 것입니다. 그리고 제가 최선을 다해서 홀에 대해 설명해 드리겠습니다.

질문 『발이오름 가리키며』 저 오름이 뭐예요?

> **답변** 발이오름이라고 합니다. 스님들께서 먹는 밥그릇과 닮았다고 하여 발이오름이라고 합니다.

질문 이 골프장의 전체적인 특징이 뭐예요?

> **답변** 네, 저희 코스 길이는 다소 긴 편이고 자연을 그대로 살려 편안한 분위기입니다. 원그린이고 단단하며 잘 튀는 편이고 빠릅니다. 거리는 야드표시이고, 그린 센터 기준입니다. 로컬룰은 OB지역이 아닌 억새풀이나 수림지는 해저드 처리하며, 화단, 지주목, 보식지역은 무벌타드롭입니다. 특설티는 따로 마련되어 있지 않습니다.

질문 오션코스가 퍼블릭이예요?

> **답변** 허가상 퍼블릭으로 되어 있지만 코스 난이도와 홀 길이는 정규코스와 같습니다. 대한골프협회에서 대회를 개최해도 되는 코스로 인정 받았습니다.

질문 여기 언제 오픈했어요?

> **답변** 네, 고객님 ○○○년에 ○○코스 18홀을 오픈했고, ○○○는 ○○○○년 ○○월과 ○○월에 오픈했습니다.

질문 여기 억새가 많아 볼이 들어가면 찾을 수 있을까요?

> **답변** 억새가 자란 깊숙한 곳엔 뱀이 있어 뱀에 물릴 경우가 있으므로 주의하십시오. 그리고 전체적으로 해저드 처리하고 있습니다.

질문 오른쪽에 벙커는 왜 보는 거예요? 전혀 상관 없을 것 같은데…

답변 아… 고객님 오른쪽 벙커가 자리잡고 있는 이유가 슬라이스가 많이 나서 나가는 볼을 잡아주는 역할을 합니다.

3) 페어웨이에서

질문 거리가 얼마나 되요?

답변 네, 150yd 남았습니다. 7번 아이언 괜찮겠습니까?

답변 네, 앞핀, 내리막 감안해서 130yd입니다. 앞 바람 따로 보시면 좋습니다.

답변 네, 앞핀, 내리막 감안해서 130yd입니다. 앞바람까지 해서 150yd 정도 봤습니다.

답변 네, 앞핀, 내리막 감안해서 130yd입니다. 앞바람은 2클럽 정도 길게 봤습니다.

답변 네, 파5홀로 260yd가 남아 있어서 우드 사용하셔도 좋을 것 같습니다.

카트도로와 거리목의 야드는 그린 센터 기준의 거리입니다.

답변 네, 150야드에 앞바람있습니다. 몇번 클럽사용하시겠습니까?

질문 뒷핀인데 길게 봐야 되나요?
답변 저희 코스는 그린에 런이 많은 편이라 많이 감안 안 하셔도 좋습니다.

질문 페어웨이 관리가 좋은데요…
답변 저희 클럽 F/W관리는 도내 최고라고 자타가 인정하십니다. 좋은 코스에서 멋진 기량 기대하겠습니다.

질문 F/W 잔디는 무슨 종류예요?
답변 저희 클럽은 캔터키 블루 그라스와 페러니얼 라이 그라스 혼종으로 흔히 말씀하시는 양잔디입니다.
답변 네, 그린은 벤트그라스로 되어 있고, 페어웨이는 캔터키 블루 그라스와 페러니얼 라이 그라스 혼종입니다.
답변 여기는 양잔디로 되어 있고, 캔터키 블루 그라스와 페러니얼 라이 그라스 7:3비율 정도로 되어 있습니다.

질문 그린이 어디 있어요?
답변 네, 고객님 벙커 뒤쪽 마운드 좌측에 있습니다.

질문 거리가 많이 안나게 쳐도 되죠?
답변 만약을 위해서 앞 팀이 홀아웃하고 카트 탑승하시면 치시는 게 좋습니다.

질문 내 볼이 어느 것이죠?
답변 제가 알아보겠습니다. 회원님 C/W 2번 150yd 남았습니다.

질문 그린 오버되면 뭐예요?
　답변 네, 고객님 그린 뒤는 OB지역입니다.

질문 그라스 벙커에서는 어떻게 치면 되요?
　답변 네, 직선으로 올려서 찍어 치시는 게 좋습니다.

질문 그린 옆에 벙커 있어요?
　답변 네, 핀 좌측은 그라스벙커, 우측엔 모래벙커가 있습니다.

질문 그린 왼쪽이 좋아요? 오른쪽이 좋아요?
　답변 네, 핀 우측 보시는 게 좋습니다. 그린이 딱딱해서 런이 많은 편입니다.

질문 앗, 차가워! 이거 어떡해요?『스프링쿨러에 볼이 있을 때』
　답변 네, 그쪽은 잔디가 좋지 않아 따로 관리하는 부분인데 수리지 표시가 없더라도 드롭하고 치셔도 좋습니다.

질문 저기 그린 아줌마는 뭐해요?
　답변 저기 계신 분은 저희 골프장 코스 관리팀에 그린 보수하시는 분입니다.

질문 저기 보이는 노란색 꽃은 무슨 꽃이예요?
　답변 털머위라는 꽃이고, 10월에 꽃을 피며 향기가 아주 좋습니다.

질문 앞에 장애물이 있어요?
　　답변 고객님 앞에 장애물은 없습니다. 그린 앞 좌우 측엔 그라스벙커가 있습니다.

질문 미안한데… 5번 아이언 말고 6번 아이언 갖다 줄래요?
　　답변 네, 고객님 바로 바꿔서 갖다 드리겠습니다. 잠시만 기다려주십시오.

질문 피칭됐어요, 놔두세요. 그냥 샌드로 칠께요.
　　답변 아닙니다. 고객님! 제가 샌드를 금방 갖고 오겠습니다. 잠시만 기다려 주십시오.

질문 여기 도그렉이 심한가요? 그린은 어디 있어요?
　　답변 지금 전방에 보이는 벙커에서 11시 방향에 있습니다.

4) 스타트하우스 or 그늘집에서(도우미)

질문 메뉴는 뭐가 있어요?
　　답변 양곰탕, 허브 보리 비빔밥, 올리브 자장면, 산마즙 우동이 있습니다.

질문 우리 그늘집에서 좀 쉬었다 갈 수 있어요?
　　답변 『진행이 늦을 경우』 고객님 저희 팀이 약간 늦는 것 같습니다. 괜찮으시면 가벼운 간식 사오시면 이동하면서 제가 커피 맛있게 타서 드리겠습니다.
　　답변 『진행이 늦을 경우』 네, 고객님 죄송하지만 앞 팀과의 간격이 많이 벌어져서 화장실만 들리시고 바로 이동하셔야겠습니다.

답변 『진행이 늦을 경우』 죄송합니다만, 화장실만 들리시고 나가셔야 될 것 같은데 괜찮으시겠습니까?

답변 앞 팀이 아직 티샷 중이어서 잠시 쉬었다 가셔도 괜찮습니다.

답변 네, 앞 팀하고 여유가 있어서 5분 정도 그늘집에 들려도 될 것 같습니다.

답변 앞 팀이 식사 중이어서 잠깐 쉬셨다 오셔도 될 것 같습니다.

맛있는 차 한잔 하고 오셔도 좋을 것 같습니다.

질문 그늘집에서 식사할 수 있어요?

답변 죄송합니다만, 식사는 9홀 끝나고 가능합니다. 그늘집에서는 샌드위치, 삼각김밥, 과자, 음료 등 간단한 간식거리를 판매하고 있습니다.

답변 네, 회원님 저희 그늘집은 OCEAN코스를 제외하고는 식사가 되지 않고 간단히 요기하실 수 있는 토종란, 샌드위치, 삼각김밥, 바나나 등이 판매되고 있습니다.

질문 얼마 정도 있다가 나와야 되요?

답변 5분 정도인데 나가실 시간이 되면 제가 모시러 가겠습니다.

질문 우리 그늘집 들리지 말고 그냥 가요
> 답변 TEE BOX로 이동 후, 기다리시는 동안 차 한잔 하시 겠습니까?(차의 효능 설명하며)

질문 음식은 뭐가 맛있어요?
> 답변 오늘은 날씨도 좀 쌀쌀한데 곰탕은 어떠십니까? 식사 하신다면 제가 미리 주문해 놓겠습니다.

질문 여기는 식사 뭘 할 수 있죠?
> 답변 스타트 하우스에서는 양곰탕, 비빔밥, 자장면, 우동 이 렇게 드실 수 있습니다. 제 개인적 소견으로는 자장면 도 참 맛있습니다.

질문 다음 홀은 어느 쪽이예요?
> 답변 네, 고객님 다음 홀은 좌측입니다.

5) 라운딩 종료 후

질문 캐디피는 얼마예요? 어디서 계산하나요?
> 답변 캐디피는 9만 원이고, 프런트 계산입니다.
> 답변 캐디피는 9만 원이고, 클럽하우스 로비에 있는 프런 트에서 함께 정산해 주시면 감사하겠습니다.
> 답변 캐디피 계산은 프런트에서 그린피와 같이 계산하시면 됩니다.

질문 수고했어요… 얼마 안 되지만,,

답변 죄송합니다. 오버피 허용이 안 됩니다. 마음만 감사히 받겠습니다.

답변 고객님, 정말 감사합니다만 회사 방침상 오버피는 받을 수 없습니다. 마음만 감사히 받겠습니다. 즐거운 라운딩이었습니다.

답변 『굳이 주시려고 할 때』 어차피 프런트로 올려드려야 합니다.

질문 수고했어요…

답변 네, 수고하셨습니다. 클럽 확인 후 싸인 부탁드리겠습니다. 감사합니다. 안녕히 가십시오.

답변 회원님, 수고 많으셨습니다. 잊으신 물건은 없는지 확인해 주시면 감사하겠습니다.

답변 고객님, 번거로우시겠지만 클럽 개수가 다 맞는지 확인 부탁드리겠습니다. 그리고 잊으신 소지품은 없는지 다시 한번 확인 부탁드리겠습니다. 감사합니다. 좋은 시간 되십시오.

답변 네, 감사합니다. 수고하셨습니다. 고객님 18홀 내내 편안한 라운딩 되셨습니까? 남은 시간 즐겁게 보내시고 다음에 다시 한번 찾아 뵙겠습니다.

답변 오늘 진행 협조해 주셔서 정말 감사합니다. 안녕히 가십시오(라운딩 중 진행을 재촉했을 경우).

답변 오늘 하루 즐거웠습니다. 다음에 또 뵐 수 있으면 좋겠습니다.

질문 다음에 또 볼 수 있을까?

답변 고객님과의 플레이 너무 즐거웠습니다. 다음에 찾아 주실 땐 더욱 향상된 모습으로 뵙겠습니다.

질문 골프장에서 공항까지 몇 분이나 소요되나요?

답변 네, 약 25~30분 정도 소요되고 있습니다. 저희 셔틀버스는 시간마다 10분, 40분에 30분 간격으로 있습니다.

질문 비행기 시간까지 좀 남았는데 추천할만한 볼거리나 음식점 있나요?

답변 공항에서 가까운 ○○○이나 ○○○가 무료개방이고 볼만 합니다.
식사도 근처 횟집이나 해안도로 레스토랑을 이용하면 괜찮을 것 같습니다.

답변 저희 골프장 바닷가재 요리도 맛있다고 합니다. 기회가 닿는다면 한번 맛을 보시고 가시면 어떻겠습니까?

질문 골프백은 내일 아침 일찍 찾아가고 싶은데…?

답변 네, 고객님 그럼 편리하시게 백을 현관에 보관해 놓겠습니다.

질문 백 갖고 갈 건데 어떻게 해야 하나요? 항공커버도 있는데…

답변 네, 고객님 제가 정리해서 백은 올려드리겠습니다. 물론, 항공커버도 꼭 씌어드리겠습니다.

질문 여기 차 가지고 와서 백 실어주나요?
답변 죄송합니다. 고객님께서 차를 가지고 올라오셔야지 백을 실어드립니다. 하지만 많이 힘드셔서 컨시어지에 부탁하면 주차장까지 카트로 아마 모셔 드릴 수 있을 겁니다. 즐거운 하루 되십시오.

질문 우리 스코어가 어떻게 되요? 오늘 수고 많았어요.
답변 예, 제가 스코어 집계 내는 동안 고객님께서는 클럽 확인하시고 사인 부탁드리겠습니다. 수고하셨습니다. 스코어카드 여기 있습니다. 안녕히 가십시오.

질문 나인홀 추가되요?
답변 바로 되는지 진행실에 가서 확인하고 오겠습니다. 잠시만 기다려 주시겠습니까?
답변 고객님 주말이라 팀 수가 많습니다. 18홀 끝나고 진행 상황 보면서 추가하시면 좋을 것 같습니다.
답변 오늘 추가가 힘들 것 같습니다. 다음에 오시면 추가가 가능할 수 있도록 메모를 해서 경기팀에 말해 두겠습니다.

고객에게 No라고 해도 되는 상황

1) 티잉 그라운드에서

- 티잉 그라운드에는 한 분씩만 부탁드리겠습니다.
- 티잉 그라운드에서는 금연입니다.
- (티잉 그라운드에서 돈이 오고 갈 때) 고객님 먼저 준비하셔야겠습니다(카트 이동 중에 유도).
- (비기너의 경우) : 고객님 죄송합니다만, 앞에 가서 부탁드리겠습니다(티샷이 miss shot일 경우).

2) 페어웨이에서

- (흡연하는 고객) 고객님 죄송합니다만, 전 코스 내에서는 금연입니다. 흡연은 티잉 그라운드와 정차된 카트에서만 가능합니다. 협조 부탁드립니다.
- (위험한 행동을 하는 고객) "고객님 해저드에 들어가시면 안 됩니다. 해저드 주변의 돌이 미끄럽습니다."
- (노상방뇨하는 고객) "고객님 5홀 지나면 그늘집이 있습니다. 급하시면 경기과로 연락해서 전동카트를 갖고 오도록 연락해 드리겠습니다.
- (카트를 운행하려고 하는 고객) "고객님 카트 보험은 저희만 되어 있습니다. 죄송합니다만, 협조 부탁드리겠습니다."

3) 스타트하우스 or 그늘집에서

- 고객님 앞팀과의 진행상 화장실만 이용해 주시면 감사드리겠습니다. 차는 준비되어 있습니다. 죄송합니다.
- (식사하고 천천히 나오시는 고객님) "죄송합니다만, 진행상 지금 준비하셔야겠습니다. 협조 부탁드리겠습니다."

4) 기타

- 쇠징 골프화 착용
- 5인 play(주말)
- 라운딩 중 성적인 접촉을 해 오는 경우
- Tee-off 지연
- 캐디피를 카드로 지급 시 등
- 라운딩 중 폭언을 할 경우
- 시즌 때 추가 라운딩 원할 시
- 고의적인 경기지연
- 갤러리 입장
- 남자의 반바지 착용

고객이 싫어하는 유형의 캐디

1) 스타트에서

- 지나가는 고객에게 인사를 안 하거나 건성으로 인사하는 캐디
- 무표정하거나 때로는 억지로 일하는 느낌이 드는 캐디
- 티잉 그라운드에서 고객을 모아 놓고 기계적으로 인사하는 캐디
- 코스 안내가 없거나 단지 어디로 치라는 말만 하는 캐디
- 고객의 성품이 조용하고 골프 실력이 상당하여 여러 설명을 귀찮아하시는데 눈치 없이 계속 홀 멘트나 코스 설명을 하는 캐디
- 티샷이 실패했는데 아쉬워하는 마음이 없는 캐디
- 고객의 물품(클럽 및 소지품)을 소중히 정리하지 않는 캐디
- 고객에게 눈을 마주치지 않고 딴 곳만 응시하는 캐디
- 드라이버나 물품을 바꾸어 전달하는 캐디
- 볼의 낙하 지점을 정확히 모르고 있는 캐디
- 첫 티에서부터 지나치게 진행을 서두르는 캐디
- 고객이 질문을 하는데 대답이 없거나 성의 없게 답변하는 캐디

2) 페어웨이에서

- 그린 온 시도 때 그린의 경사를 말하지 않아 엉뚱한 곳으로 볼이 흐르게 하는 캐디
- 보이지 않는 그린주변이나 코스의 벙커나 해저드, OB, 로스트 위험 지역을 설명하지 않아 스코어에 지장을 주는 캐디

- 급하다고 고객께 전달할 것만 먼저 하고 받는 물건에 대해서는 소홀히 하는 캐디
- 고객이 도움이 필요해 쳐다보고 있는데도 모르는 척하고 눈치 없이 다른 일을 하는 캐디
- 골프 카 안전에 관한 멘트도 없이 커브길에서 속도도 늦추지 않아 위험을 초래하는 캐디
- 고객의 앞을 아무 말 없이 마구 지나가는 캐디
- 고객이 초보라는 이유로 무시하는 캐디
- 볼을 찾으러 갈 때 고객에게 아무 말 없이 간 후 늦게 돌아와 캐디의 도움을 못 받아 플레이에 지장을 초래했는데도 사과 한마디가 없는 캐디
- 예의 없이 골프 클럽이나 용품을 전달하는 캐디
- 고객이 질문을 하는데 대답이 없거나 성의 없게 답변하는 캐디
- 고객과의 대화에서 성의 없이 대답하는 캐디
- 상황에 따른 룰이나 처리 방법을 물어 보았을 때 우물거리고 답을 못하거나 틀린 답을 하는 캐디
- 고객의 두 번 이상의 같은 질문에 표정이나 음성이 거칠게 변하는 캐디

3) 그린

- 퍼팅 라인을 잘못 읽어 스코어를 망치게 하는 캐디
- 그린 라인을 무심코 밟는 캐디

- 퍼팅을 하려고 어드레스를 취했는데 주변에서 부산히 움직이는 캐디
- 핀을 내동댕이 치는 무례한 캐디
- 고객과 볼 가운데를 가로 질러 마구 지나가는 캐디
- 고객이 핀을 잡아 줄 때나 꽂아 줄 때 고맙다는 인사가 없는 캐디
- 진행이 바쁘다는 이유로 홀아웃하지도 않았는데 먼저 다음 홀로 이동하는 캐디
- 고객이 퍼팅을 하고 있는데 다른 곳을 응시하며 관심이 없는 캐디
- 어려운 퍼팅에 성공을 하였는데 축하해 주지 않는 캐디
- 고객의 의견보다 더 강하게 주장하는 캐디
- 퍼팅 라인 바로 정면에 서 있거나 그림자로 퍼팅 포인트에 혼돈을 주는 캐디
- 그린의 상처나 디보트 자국으로 인하여 퍼팅 미스를 해도 전혀 미안해 하지 않는 캐디

4) 티 하우스 등에서

- 진행이 밀릴 때 티 하우스에 들릴 수 없음을 사전에 말하지 않는 캐디
- 고객이 티 하우스 안에 있을 때 골프 카트에 불량한 자세로 앉아 있는 캐디
- 앞 뒤 팀 고객에게는 인사하지 않는 캐디
- 손님을 어렵게 보지 않는 캐디

- 티 하우스에서 고객이 먼저 나와 준비를 하고 있는데도 나오지 않는 캐디
- 티 하우스에서 고객보다 늦게 나왔는데도 죄송하다는 말도 하지 않는 캐디
- 시간의 여유가 있음에도 클럽 손질이나 스코어 정리 등 중간 정리를 하지 않고 오히려 허둥대는 캐디

5) 17번 홀에서

- 마무리 업무에 관한 멘트를 사전에 하지 않는 캐디
- 골프 백 신기, 오늘 서비스에 대한 충고, 소지품 확인, 클럽 숫자 중간 확인 등등
- 오늘 하루 라운드의 유종의 미를 거두는 분위기를 살리는 인사를 하지 않는 캐디
- 오늘 좋은 분을 모실 수 있어서 영광이었습니다.
- 마지막 홀에는 멋진 샷을 선사해 주십시오.
- 더 모시고 싶지만 마지막 홀에 왔습니다.

6) 파 3홀에서

- 앞 뒤 팀 사인을 주고 받을 시 안내 멘트를 사전에 하지 않는 캐디
- 앞 팀 캐디가 사인 후 볼의 행방에 관한 사인을 주지 않는 캐디
- 파 3홀에서 특히 거리 및 홀과 그린의 특성 등을 안내하지 않는 캐디

- 볼 마크 수선하는 직원이 비켜주지 않는 상황을 모른 척 하는 캐디
  ※ 진행을 보고 있는 진행 요원들이 무표정하게 지나칠 때와 인사하지 않고 골프 카트에 앉은 자세가 불량해 보일 경우

7) 라운드를 마치면서
- 불편한 점은 없었는지 물어보지 않는 캐디
- 빨리 끝내려고 분주하게 서둘러 마무리하는 캐디
- 다음에 또 오고 싶도록 하는 멋진 엔딩의 표현이 없는 캐디
- 불친절한 캐디가 캐디피 받을 때
- 헤어질 때 마지막 인사를 하지 않는 캐디

고객의 유형별 Needs 예측

1) Business 고객
- 조용한 장소 제공(단독 Room)
- 경기를 재촉하지 않는다.
- 양보다 질 좋은 음식 추천/제공(손에 음식이나 물이 닿지 않는)
- 생수, 기타 음료 준비
- 회사에 대한 정보 제공(course, 캐디피, 부대시설, 외국어 가능 도우미 등…)
- 회의에 필요한 장비(자료) 확인

2) 단체/친목 회원

(1) Front
- 1명은 회원 대우를 적용

(2) Club House
- 질보다 양을 권장
- 찬은 기존 적량보다 많이
- 커피는 서비스와 리필

(3) 경기 진행
- 원활한 경기 진행
- 저렴한 시상품 권장
- Tee-house는 조별 계산 원함
- Tee-up 임박하여 조 결정됨

3) 부부동반

(1) 닭살커플(예 : 황○○)
- 자신들만의 시간을 원함-먼저 대화에 끼어들지 말 것
- 칭찬에 약함-서로의 칭찬에 말을 아끼지 말고 동참할 것
- 애정표현이 과함-민감한 반응을 보이지 말 것

(2) 얼음짱커플(예 : 김 pro)
- 살얼음분위기-말조심할 것

- 신속한 서브-신경질적이므로 한 사람에 치중하는 걸 삼가
- 최고의 밝은 표정 유지-분위기 다운되면 코스에서 죽음

(3) 레슨하는 부부(예 최○○)
- 남편은 강사, 부인은 학생-혹시 라인 및 거리가 틀려도 나서지 말 것
- 코스는 연습장-진행에 방해되지 않는 범위에서
- 자존심 강한 남편-남편 손님께 칭찬, 여자분께 따뜻한 웃음

4) 내기 골프
- 자신감이 없을 때는 절대 먼저 조언을 삼간다.
- 되도록이면 회원의 시야에 벗어나지 않도록…
- 분실된 볼은 최대한으로 찾도록 해야…
- 돈을 많이 잃은 분에게는 더더욱 언행을 조심해야 한다.
- 절대 웃음은 삼간다.

5) 부적절한 관계
(1) 예측
- 개인 사생활, 가정사 얘기 금물
- 두 사람 사이의 불필요한 간섭은 피한다.
- 봐도 못 본 척
- 소지품 관리 철저

(2) 대처방안

- 호칭 주의('사모님' 보다 '고객님')
- 동반자 칭찬을 많이 한다.
- 약간 뒤처져 오더라도 진행재촉 금물

제9장

골프 클럽 카트

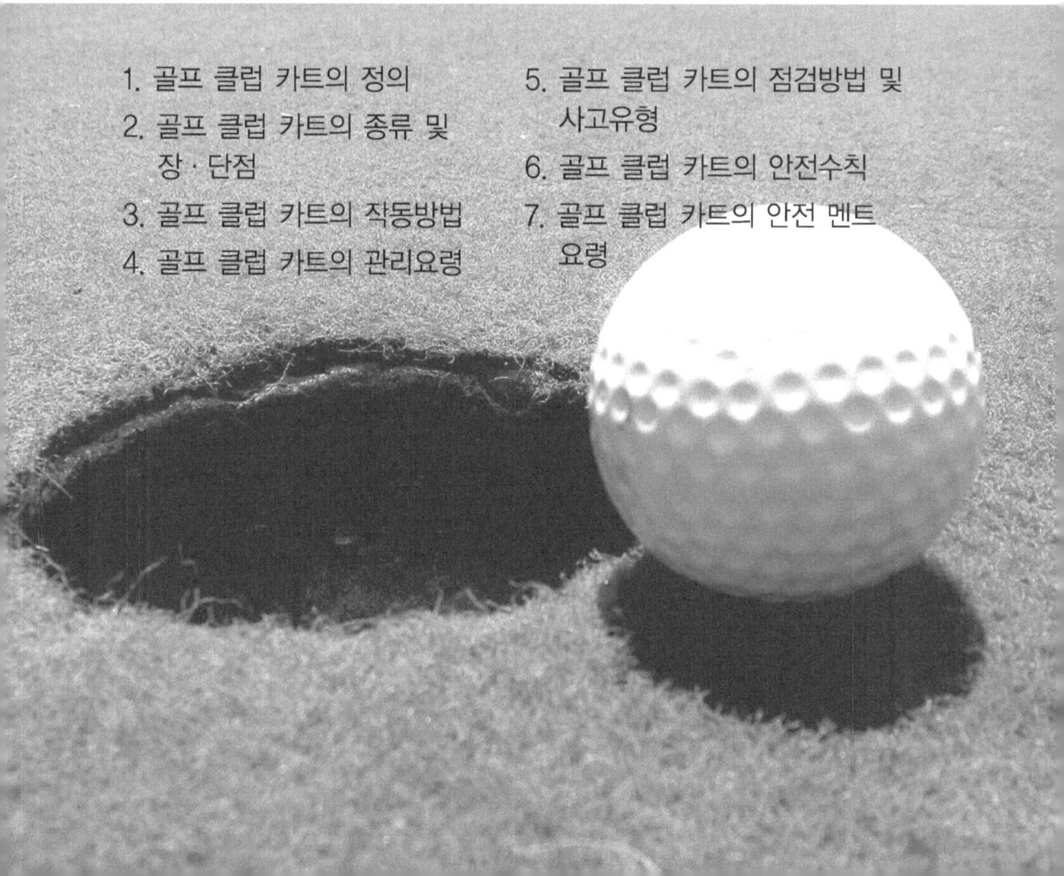

1. 골프 클럽 카트의 정의
2. 골프 클럽 카트의 종류 및 장·단점
3. 골프 클럽 카트의 작동방법
4. 골프 클럽 카트의 관리요령
5. 골프 클럽 카트의 점검방법 및 사고유형
6. 골프 클럽 카트의 안전수칙
7. 골프 클럽 카트의 안전 멘트 요령

제9장
골프 클럽 카트

1. 골프 클럽 카트의 정의

골프장을 이용하는 고객에게 보다 수준 높은 서비스를 제공하기 위하여 일본 YAMAHA(社)에서 도입한 전자유도차량을 사례로 살펴보기로 한다.

전기 배터리를 동력원으로 내장 컴퓨터에 의한

- 모터 구동을 통한 전동 카트 운행 컨트롤
- 충전기 제어를 통해 최적 충전 / 과충전 방지
- 위험지역 자동 감속 / 속도 컨트롤 기능
- 유도선의 전류를 감지 리모컨에 의한 자동 운행 기능

 전자유도방식

골프장 내의 카트 도로에 유도선을 매설하여 유도선에 흐르는 일정 전류를 차량이 감지하여, 방향 전환 및 자동 주행이 가능하게 하는 차량 운행 방식

골프 클럽 카트의 종류 및 장·단점

구 분	SANYO	YAMAHA	HITACH
장비가격	20,500,000원	23,000,000원	23,500,000원
중량(kg)	610	529	530
속도 (km/s)	자동 : 3.5~12 수동 : 0~19	자동 : 3~10 수동 : 0~19	자동 : 3~12 수동 : 0~19
배터리수명	800~1,000라운드	1,000라운드	700~800라운드
컴퓨터 시스템	• 배터리 체크 프로그램 • 자동 추종 주행 기능 • 이상 징후 시 정지 시스템	• 배터리 체크 프로그램 • 위험지역 알람 시스템 • 이상 징후 시 정지 시스템	• 배터리 체크 프로그램 • 자동 추종 주행 기능 • 이상 징후 시 정지 시스템
보증기간	2년	2년	2년
특징	• 대리점 운영 • 신속한 A/S 가능 • 납품 후 3개월 매주 방문 • 매월 1회 이상 방문	• 대리점 및 A/S 직원상주 • 신속한 A/S 가능 • 예비 부품 보유로 신속 처리	• 운영개시~1개월 A/S 기사 • 직원 2~6개월 특별관리 • 연 2회 정기순회 A/S • 예비 부품 보유로 신속 처리
내구연수	8년	8년	8년
장점	• 승차감 우수, 공간 여유로움 • 유압브레이크-안정성 우수 • 배테리체크 P/G로 관리 용이	• 잔 고장이 적음 • 컴퓨터 자가진단 우수 • 경량으로 배터리 수명 우수	• 배터리 교체 비용 저렴 • 국내지형/36홀 라운딩 가능 • 사양으로 설계 변경 수입 • 천고와 앞뒤 간격이 넓음 • 회생 브레이크 시스템으로 자동 감속, 자동 충전 가능
단점	• 무거운 배터리 성능/수명 단축 • 미관이 좋지 않음 • 핸들 돌출로 승하차 불편	• 최소 회전 반경이 큼 • 제어용 배터리 관리 불편	• 국내 성능 검증 미흡 • 주행 중 소음 발생 • 신속한 A/S 불편

골프 클럽 카트의 작동방법

1) 골프 전동 카트 수동 운행 방법

- 충전기선을 카트에서 분리한다.
- 뒷좌석을 열고 전자브레이크 스위치가 정상 위치에 있는지 확인한다.
- 키를 ON 위치에 놓는다(운행 전 재확인).
- 핸들을 가볍게 잡고, 엑셀레이터 페달을 서서히 밟는다.
- 속도를 줄일 때는 일차적으로 엑셀레이터 페달을 서서히 뗀다(자동감속 기능).
- 정차할 때는 브레이크 페달을 서서히 밟으며 급정지하지 않게 주의한다.
- 출발이 되지 않으면 수동 전환 버튼을 누르고 핸들을 한 바퀴 돌리고 다시 출발한다.

2) 골프 전동 카트 자동 운행 방법

- 카트를 유도선 중앙에 맞추어 정차한다.
- 카트 운전석 왼쪽에 있는 유도램프가 점등되었는지 확인한다.
- 브레이크·엑셀레이터 페달, 핸들에서 손·발을 뗀다.
- 전방을 확인하여 장애물이 없는지 확인한다.
- 장애물이 없는 것이 확인되면 리모컨이나 차량에 부착되어 있는 자동버튼을 눌러 작동시킨다.

- 자동운행 중에 오작동으로 움직이지 않으면 전원을 OFF 했다가 약 5초 후 다시 ON해서 운행한다.
- 자동운행 시 정지 점을 인식하지 않으면 키 스위치가 ON에 있는지 다시 한번 확인한다.
- 전동 카트가 너무 멀리 있거나 안개 낀 날, 우천 시 리모컨 작동 거리가 짧아지므로 주의한다.

4 골프 클럽 카트의 관리요령

1) 골프 클럽 카트 청소방법

- 에어건으로 카트 외부 이물질을 제거한다.
- 타이어, 휠 및 흙받이를 물로 청소한다.
- 바닥 고무매트를 매트세척기로 청소한다.
- 윈드실드 유리세정제로 청소한다.
- 윈드실드 청소 시 전용도구를 사용한다.
- 카울을 물수건 ▶ 마른 수건 ▶ 물 왁스로 청소한다.
- 재떨이를 물로 깨끗하게 청소한다.
- 앞 좌석 및 뒷좌석을 열고 에어건 / 물걸레로 청소한다.
- 카트에 먼지가 없도록 청소한다.
- 고무매트에 이물질이 없도록 점검한다.
- 풍우커튼의 물기를 제거한다.
- 비품 청소 및 상태 / 수량을 파악한다.

- 지정 주차위치 바닥을 청소한다.
- 충전상태를 확인한다.

2) 골프 클럽 카트 충전방법

- 카트를 정확한 위치에 주차한다.
- 충전기선을 당겨서 카트의 충전 콘센트에 연결한다.
- 충전 중 충전기 선이 이탈되지 않도록 플러그를 돌려서 잠근다.
- 충전 램프가 점등되었는지 확인한다.
- 충전램프가 점등되지 않으면 충전이 안 되는 것이므로 즉시 사무실로 연락한다.
- 충전 시 이상 음이 발생 할 경우 그대로 두면 잠시 후 없어진다.
  ※ 충전 상태를 확인하여 다음 플레이에 지장이 없도록 한다.

5. 골프 클럽 카트의 점검방법 및 사고유형

1) 운행 전

- 충전 상태
- 타이어 상태
- 청소 상태
- 키 위치(ON) 확인
- 외관 파손 상태
- 핸들 이상 유무
- 리모컨 확인

2) 운행 후

- 외관 파손 상태
- 청소 상태 확인
- 충전 확인
- 충전 상태
- 이상 유무 확인
- 비품 확인
- 비품 확인

3) 사고유형

- 전 / 후방 확인절차를 경시한 리모컨 조작
- 무의식적인 리모컨 운행
- 안전의식 미흡한 상태로 카트 운행
- 고객과의 대화 및 볼을 쳐다보며 운전
- 코너 운전 시 승차자에 대한 배려 부족 및 급회전
- 출발 전 및 코너길 안전 멘트 없이 출발
- 카트고 내 운행 시 부주의로 인한 잦은 사고
- 시야가 확보되지 않은 곳에서의 자동 운행
- 한 손 운전으로 인한 사고
- 고객의 안전한 탑승 상태를 확인하지 않고 자동/수동 운행하여 발생하는 사고
- 코너길 및 위험 구간에 안전 멘트 미시행으로 인한 사고

6. 골프 클럽 카트의 안전수칙

- 담당 도우미 외에는 전동카트를 운행하지 마십시오.
- 코너 길이나 내리막에서는 손잡이를 꼭 잡아 주십시오.
- 전동카트가 완전히 멈출 때 까지 절대 내리지 마십시오.
- 전동카트 운행 중에 뛰어 내리거나 올라타지 마십시오.
- 카트도로 상에서 운행하는 전동카트를 항상 주의해 주십시오.
- 사고가 발생하면 경기팀으로 연락하여 주십시오.

7. 골프 클럽 카트의 안전 멘트 요령

1) 출발전

"손잡이와 안전바 부탁드리겠습니다."

2) 커브 운행 시

"커브길입니다. 손잡이 부탁드리겠습니다."(서행운전)

3) 리모컨 작동 시

앞에 장애물이 있는지 확인하고 리모컨을 작동한다.

4) 고객만 탑승하고 있을 때 자동운행 시

"고객님 카트 자동운행하겠습니다. 손잡이 부탁드리겠습니다."

5) 고객의 다리가 카트 밖으로 돌출 시

"죄송합니다만, 안쪽으로 부탁드리겠습니다."

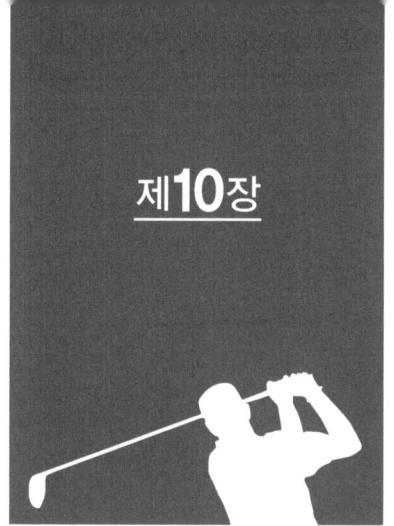

제10장

캐디 외국어 기초

1. 숫자
2. 시간
3. 방향
4. 인사
5. 색깔
6. 날씨
7. 그린
8. 코스용어
9. 기타

제10장
캐디 외국어 기초

 숫자

번호	한국어	일본어	한국어로 읽는 방법	영어	한국어로 읽는 방법
1	1	いち	이치	One	원
2	2	に	니	Two	투
3	3	さん	상	Three	쓰리
4	4	よん, し	욘, 시	Four	포
5	5	ご	고	Five	파이브
6	6	ろく	로쿠	Six	씩스
7	7	しち, なな	시치	Seven	쎄븐
8	8	はち	하치	Eight	에잇
9	9	く, きゅう	구, 큐	Nine	나인
10	10	じゅう	쥬우	Ten	텐
11	하나	ひとつ	히도츠		
12	둘	ふたつ	후다츠		
13	셋	みっつ	밋츠		
14	넷	よっつ	욧츠		
15	다섯	いつつ	이츠츠		

번호	한국어	일본어	한국어로 읽는 방법	영어	한국어로 읽는 방법
16	여섯	むっつ	뭇츠		
17	일곱	ななつ	나나츠		
18	여덟	やっつ	얏츠		
19	아홉	ここのつ	코코노츠		
20	열	とう	도오		
21	한 사람	ひとり	히토리	One person	원 퍼슨
22	두 사람	ふたり	후타리	Two people	투 피플
23	세 사람	さんにん	산닝	Three people	쓰리 피플
24	네 사람	よにん	요닝	Four people	포 피플
25	다섯 사람	ごにん	고닝	Five people	파이브 피플
26	여섯 사람	ろくにん	로쿠닝	Six people	씩스 피플
27	일곱 사람	しちにん,ななにん	시치닝, 나나닝	Seven people	쎄븐 피플
28	여덟 사람	はちにん	하치닝	Eight people	에잇 피플
29	아홉 사람	きゅうにん	큐우닝	Nine people	나인 피플
30	열 사람	じゅうにん	쥬우닝	Ten people	텐 피플
31	10	じゅう	쥬우	Ten	텐
32	20	にじゅう	니쥬우	Twenty	투웬티
33	30	さんじゅう	산쥬우	Thirty	써티
34	40	よんじゅう	욘쥬우	Forty	포티
35	50	ごじゅう	고쥬우	Fifty	피프티
36	60	ろくじゅう	로쿠쥬우	Sixty	씩스티
37	70	ななじゅう	나나쥬우	Seventy	쎄븐티
38	80	はちじゅう	하치쥬우	Eighty	에이티
39	90	きゅうじゅう	큐우쥬우	Ninety	나인티
40	100	ひゃく	햐크	One hundred	원 헌드레드
41	200	にひゃく	니햐크	Two hundred	투 헌드레드

번호	한국어	일본어	한국어로 읽는 방법	영어	한국어로 읽는 방법
42	300	さんびゃく	산뱌크	Three hundred	쓰리 헌드레드
43	400	よんひゃく	욘햐크	Four hundred	포 헌드레드
44	500	ごひゃく	고햐크	Five hundred	파이브 헌드레드
45	600	ろっぴゃく	롯빠크	Six hundred	씩스 헌드레드
46	700	ななひゃく	나나햐크	Seven hundred	쎄븐 헌드레드
47	800	はっぴゃく	핫빠크	Eight hundred	에잇 헌드레드
48	900	きゅうひゃく	큐우햐크	Nine hundred	나인 헌드레드
49	1000	せん	센(셍)	One thousand	원 따우젼
50	한 살	いっさい	잇사이	One year old	원 이어 올드
51	두 살	にさい	니사이	Two years old	투 이어즈 올드
52	세 살	さんさい	산사이	Three years old	쓰리 이어즈 올드
53	네 살	よんさい	욘사이	Four years old	포 이어즈 올드
54	다섯 살	ごさい	고사이	Five years old	파이브 이어즈 올드
55	여섯 살	ろっさい	롯사이	Six years old	씩스 이어즈 올드
56	일곱 살	ななさい	나나사이	Seven years old	쎄븐 이어즈 올드
57	여덟 살	はっさい	핫사이	Eight years old	에잇 이어즈 올드
58	아홉 살	きゅうさい	큐우사이	Nine years old	나인 이어즈 올드
59	열 살	じっさい	짓사이	Ten years old	텐 이어즈 올드
60	스무 살	はたち	하타치		

2. 시간(じかん, 지캉)

번호	한국어	일본어	한국어로 읽는 방법	영어	한국어로 읽는 방법
1	1시	いちじ	이치지	One o' clock	원 어클락
2	2시	にじ	니지	Two o' clock	투 어클락
3	3시	さんじ	산지	Three o' clock	쓰리 어클락
4	4시	よじ	요지	Four o' clock	포 어클락
5	5시	ごじ	고지	Five o' clock	파이브 어클락
6	6시	ろくじ	로쿠지	Six o' clock	씩스 어클락
7	7시	しちじ	시치지	Seven o' clock	쎄븐 어클락
8	8시	はちじ	하치지	Eight o' clock	에잇 어클락
9	9시	くじ	구지	Nine o' clock	나인 어클락
10	10시	じゅうじ	쥬우지	Ten o' clock	텐 어클락
11	11시	じゅういちじ	쥬이치지	Eleven o' clock	일레븐 어클락
12	12시	じゅうにじ	쥬니지	Twelve o' clock	투웰브 어클락
13	1분	いっぷん	잇뿐	1 minute	원 미닛
14	2분	にふん	니훈	2 minutes	투 미닛츠
15	3분	さんぷん	삼분	3 minutes	쓰리 미닛츠
16	4분	よんふん	용훈	4 minutes	포 미닛츠
17	5분	ごふん	고훈	5 minutes	파이브 미닛츠
18	6분	ろっぷん	롯뿐	6 minutes	씩스 미닛츠
19	7분	ななふん	나나훈	7 minutes	쎄븐 미닛츠
20	8분	はっぷん	핫뿐	8 minutes	에잇 미닛츠
21	9분	きゅうふん	큐우훈	9 minutes	나인 미닛츠
22	10분	じゅっぷん	즛뿐	10 minutes	텐 미닛츠
23	20분	にじゅっぷん	니줏뿐	20 minutes	투웬티 미닛츠
24	30분	さんじゅっぷん	산줏뿐	30 minutes	써티 미닛츠
25	40분	よんじゅっぷん	욘줏뿐	40 minutes	포티 미닛츠

번호	한국어	일본어	한국어로 읽는 방법	영어	한국어로 읽는 방법
26	50분	ごじゅっぷん	고줏뿐	50 minutes	피프티 미닛츠
27	60분	ろくじゅっぷん	로쿠줏뿐	60 minutes	씩스티 미닛츠
28	몇시입니까?	なんじですか	난지데스카	What time is it now?	왓 타임 이즈 잇 나우?
29	몇분입니까?	なんぷんですか	난뿐데스카	What time is it now?	왓 타임 이즈 잇 나우?

3 방향(ほうこう, 호우코우)

번호	한국어	일본어	한국어로 읽는 방법	영어	한국어로 읽는 방법
1	앞	まえ	마에	In front of	인 프런트 오브
2	뒤	うしろ	우시로	Behind	비하인드
3	좌	ひだり	히다리	Left	레프트
4	우	みぎ	미기	Right	라이트
5	옆	そば	소바	Beside	비싸이드
6	가운데	まんなか	만나카	In the middle	인 더 미들
7	안	なか	나카	Inside	인싸이드
8	밖	そと	소토	Outside	아웃싸이드
9	아래	した	시타	Below	빌로우
10	위	うえ	우에	Above	어버브
11	쭉, 바로	まっすぐ	맛스그	Straight	스트레이트
12	위치	いち	이치	Location	로케이션
13	동쪽	ひがし	히가시	East	이스트
14	서쪽	にし	니시	West	웨스트
15	남쪽	みなみ	미나미	South	싸우스

번호	한국어	일본어	한국어로 읽는 방법	영어	한국어로 읽는 방법
16	북쪽	きた	키타	North	노쓰
17	이쪽	こちら	코치라	Here	히어
18	그쪽	そちら	소치라	There	데어
19	저쪽	あちら	아치라	There	데어
20	어느쪽	どちら	도치라	Where	웨어
21	여기	ここ	코코	Here	히어
22	저기	あそこ	아소코	There	데어
23	거기	そこ	소코	There	데어
24	어디	どこ	도코	Where	웨어

4 인사(あいさつ, 아이사츠)

번호	한국어	일본어	한국어로 읽는 방법	영어	한국어로 읽는 방법
1	아침인사	おはようございます。	오하요 고자이마스	Good morning	굿 모닝
2	점심인사	こんにちは。	곤니찌와	Good afternoon	굿 에프터눈
3	저녁인사	こんばんは。	곰방와	Good evening	굿 이브닝
4	처음 뵙겠습니다	はじめまして。	하지메마시테	How do you do?	하우 두 유 두
5	잘 부탁드립니다	どうぞよろしくおねがいいたします。	도오죠요로시쿠 오네가이 이타시마스	Nice to meet you	나이스 투 밋 츄
6	잘 먹겠습니다	いただきます。	이타다키마스	Thank you for the meal	땡큐 포 더 밀
7	잘 먹었습니다	ごちそうさまでした。	고치소오사마데시타	The meal was great	더 밀 워즈 그레이트

번호	한국어	일본어	한국어로 읽는 방법	영어	한국어로 읽는 방법
8	감사합니다	ありがとうございます。	아리가토오 고자이마스	Thank you	땡큐
9	죄송합니다	すみません。ごめんなさい。もうしわけありません。	스미마셍. 고멘나사이. 모오시와케아리마셍	I'm sorry	아임 쏘리
10	실례합니다	しつれいいたします。	시츠레이이타시마스	Excuse me	익스큐즈 미
11	좀 기다려 주세요	しょうしょうおまちください。	쇼오쇼오 오마치 쿠다사이	Hold on please	홀드 온 플리즈
12	안녕히 가세요	さようなら、また おこしください。	사요오나라, 마따오코시쿠다사이	Bye	바이
13	괜찮습니다	だいじょうぶです。いいです。けっこうです。	다이죠우부데스. 이이데스. 겟코우데스	It's OK	잇츠 오케이

 색깔(いろ, 이로)

번호	한국어	일본어	한국어로 읽는 방법	영어	한국어로 읽는 방법
1	흰색	しろい	시로이	White	와이트
2	검정색	くろい	쿠로이	Black	블랙
3	빨간색	あかい	아카이	Red	레드
4	파란색	あおい	아오이	Blue	블루
5	노란색	きいろい	키이로이	Yellow	옐로우
6	초록색	みどり	미도리	Green	그린
7	은색	ぎんいろ	깅이로	Silver	씰버

번호	한국어	일본어	한국어로 읽는 방법	영어	한국어로 읽는 방법
8	주황색	かばいろ	카바이로	Orange	오린지
9	남색	あいいろ	아이이로	Dark blue	다크 블루
10	보라색	むらさき	무라사키	Purple	퍼플
11	분홍색	ももいろ	모모이로	Pink	핑크
12	갈색	ちゃいろ	챠이로	Brown	브라운

6 날씨(てんき, 텡키)

번호	한국어	일본어	한국어로 읽는 방법	영어	한국어로 읽는 방법
1	봄	はる	하루	Spring	스프링
2	여름	なつ	나츠	Summer	써머
3	가을	あき	아키	Fall	폴
4	겨울	ふゆ	후유	Winter	윈터
5	계절	きせつ	키세츠	Season	씨즌
6	춥다	さむい	사무이	Cold	콜드
7	덥다	あつい	아츠이	Hot	핫
8	비	あめ	아메	Rain	레인
9	시원하다	すずしい	스즈시이	Cool	쿨
10	따뜻하다	あたたかい	아타타카이	Warm	웜
11	바람	かぜ	카제	Wind	윈드
12	눈	ゆき	유키	Snow	스노우
13	안개	きり	키리	Fog	포그
14	서리	しも	시모	Frost	프로스트
15	구름	くも	쿠모	Cloud	클라우드

번호	한국어	일본어	한국어로 읽는 방법	영어	한국어로 읽는 방법
16	그저께	おととい	오토토이	The day before yesterday	더 데이 비포어 예스터데이
17	어제	きのう	키노오	Yesterday	예스터데이
18	오늘	きょう	쿄오	Today	투데이
19	내일	あした	아시타	Tomorrow	투머로우
20	모레	あさって	아삿테	The day after tomorrow	더 데이 아프터 투머로우

7 그린(グリーン, 그리인)

번호	한국어	일본어	한국어로 읽는 방법	영어	한국어로 읽는 방법
1	많이 오르막(내리막)입니다	かなり のぼって(くだって)います。	카나리 노봇데(구닷데) 이마스	Rapid ascent	레피드 에쎈트
2	보통 오르막(내리막)입니다	のぼって(くだって)います。	노봇데(구닷데) 이마스	Quite ascent	콰이트 에쎈트
3	조금 오르막(내리막)입니다	すこし のぼって(くだって)います。	스코시 노봇데(구닷데) 이마스	Gentle ascent	젠틀 에쎈트
4	평지입니다	たいらです。	타이라데스	It's flat	잇츠 플랫

코스용어(コースようご, 코오스요오고)

번호	한국어	일본어	한국어로 읽는 방법	영어	한국어로 읽는 방법
1	ONE백	ウォンバック	완밧크	Single bag	씽글 백
2	TWO백	ツーバック	츠으밧크	Couple of bags	커플 오브 백스
3	9H	きゅうホール	큐우호오루	Nine holes	나인 홀즈
4	18H	じゅうはちホール	쥬우하치 호오루	Eighteen holes	에이틴 홀즈
5	진행	しんこう	신코오	Progress	프로그래스
6	진행실	しんこうしつ	신코오시츠	ProgressOffice	프로그래스오피스
7	클럽하우스	クラブハウス	크라브하우스	Club house	클럽 하우스
8	화장실	おてあらい, トイレ	오테아라이, 토이레	Rest room	레스트 룸
9	락카실	ロッカしつ	롯카시츠	Locker room	락커 룸
10	스타트 하우스	スタートハウス	스타토 하우스	Start house	스타트 하우스
11	티 하우스	ティーハウス	티이하우스	Tea house	티 하우스
12	양잔디	ようしば	요오시바	Western grass	웨스턴 그라스
13	들잔디	のしば	노시바	Korean grass	코리안 그라스
14	프로샵	プロショップ	프로숍프	Pro shop	프로 샵
15	피뢰침	ひらいしん	히라이신	Lightning Rod	라이트닝 로드
16	전동카	でんどうカート	덴도오쿠루마	Golf car	골프카
17	라운드티	ラウンドティー	라운도티이	Round tee	라운드티
18	청바지	ジーパン	지빵	Blue jeans	블루진
19	반바지	ハンズボン	한즈봉	Knee Pants	니 팬츠
20	연필	えんぴつ	엠삐츠	Pencil	펜슬
21	스코어카드	スコアカード	스코아카아도	Score card	스코어 카드

번호	한국어	일본어	한국어로 읽는 방법	영어	한국어로 읽는 방법
22	골프화	ゴルフくつ	고루후쿠츠	Golf shoes	골프 슈즈
23	골프채	クラブ	크라브	Golf clubs	골프 클럽스
24	대여채	かしクラブ	카시크라브	Rental clubs	렌탈 클럽스
25	대여화	かしくつ	카시쿠츠	Rental shoes	렌탈 슈즈
26	현관	げんかん	겡칸	Entrance	엔트런스
27	프런트	フロント	후론토	Front desk	프런트 데스크
28	모래주머니	すなぶくろ	스나부쿠로	Sand bag	샌드 백
29	연습장	れんしゅうじょう	렌슈우죠우	Driving range	드라이빙 레인지
30	재떨이	はいざら	하이자라	Ashtray	애쉬트레이
31	담배	たばこ	타바코	Cigarette	씨가렛
32	라이타	ライタ	라이타	Lighter	라이터
33	커피	コーヒー	코오히이	Coffee	커피
34	물	おみず	오미즈	Water	워터
35	냉수	おひや	오히야	Cold water	콜드 워터
36	온수	おゆ	오유	Hot water	핫 워터
37	성명	おなまえ	오나마에	Name	네임
38	예약	よやく	요야쿠	Reservation	레져베이션
39	로비	ロビー	로비이	Lobby	라비
40	사무실	じむしつ	지므시츠	Office	오피스
41	퍼팅	パティング	파팅구	Putting	펏팅
42	코스	コース	코오스	Course	코오스
43	오버	オーバ	오오바	Over	오버
44	느리다	おそい	오소이	Slow	슬로우
45	빠르다	はやい	하야이	Fast	파스트
46	합계	ごうけい	고우케이	Total	토탈
47	길다	ながい	나가이	Long	롱

번호	한국어	일본어	한국어로 읽는 방법	영어	한국어로 읽는 방법
48	짧다	みじかい	미지카이	Short	숏
49	많다	おおい	오오이	A Lot	어 랏
50	적다	すくない	스크나이	A Few	어 퓨
51	높다	たかい	타카이	High	하이
52	싸다	やすい	야스이	Cheap	칩
53	넓다	ひろい	히로이	Spacious	스페이셔스
54	나쁘다	わるい	와루이	Bad	배드
55	오르막	のぼり	노보리	Uphill	업힐
56	내리막	くだり	쿠다리	Downhill	다운힐
57	평지	たいら	타이라	Flat	플랫
58	벙커	バンカー	방카아	Bunker	벙커
59	나무	き	키	Tree	트리
60	잡초	ざっそう	잣소오	Weed	위드
61	미터	メートル	메에토루	Meter	미터
62	앞바람	まえのかぜ	마에노카제	Against wind	어겐스트 윈드
63	뒷바람	うしろのかぜ	우시로노카제	Following wind	팔로윙 윈드
64	러프	ラフ	라후	Rough	러프

기타(その他, 소노타)

번호	한국어	일본어	한국어로 읽는 방법	영어	한국어로 읽는 방법
1	얼마입니까?	いくらですか。	이쿠라데스까?	How much is it?	하우 머치 이즈 잇?
2	캐디피는 얼마입니까?	キャーディフィはいくらですか。	캬디휘와 이쿠라데스카?	How much is it for a caddie?	하우 머치 이즈 잇 포 어 캐디?
3	주의하십시오.	ごちゅういくださいませ。	고츄우이 쿠다사이마세	Watch out	왓치 아웃
4	조심하십시오.	きをつけてくださいませ。	키오츠케테 쿠다사이마세	Be careful	비 캐어풀
5	조용해 주십시오.	しずかにしてくださいませ。	시즈카니시테 쿠다사이마세	Please be quiet	플리즈 비 콰이어트
6	알겠습니다.	わかりました。かしこまりました。	와카리마시타. 카시코마리마시타	I see	아이 씨
7	확실하지 않습니다.	よくわかりません。	요쿠 와카리마센	I'm not sure	아임 낫 슈어
8	일본어를 잘 모릅니다.	にほんごがよくわかりません。	니혼고가 요쿠 와카리마센	I don't speak Japanese	아이 돈 스픽 재패니즈
9	준비해 주십시오.	ごじゅんびのほうよろしいですか。	고쥰비노호오 요로시이데스카	Please get ready	플리즈 겟 레디
10	치셔도 좋습니다.	うってもいいです。	웃테모 이이데스	You can hit the ball now	유 캔 힛 더 볼 나우
11	치시면 안 됩니다.	うったらだめです。	웃타라 다메데스	Please Don't hit the ball yet.	플리즈 돈 힛 더 볼 옛
12	위험합니다.	あぶないです。	아브나이데스	It's dangerous.	잇츠 데인져러스
13	만나서 반갑습니다.	おめにかかってうれしいです。	오메니카캇테 우레시이데스	Nice to meet you.	나이스 투 미 츄

번호	한국어	일본어	한국어로 읽는 방법	영어	한국어로 읽는 방법
14	OB가 있습니다. (없습니다)	OBがあります(ありません)。	오비가 아리마스(아리마센)	There are (is no) Obs.	데어 아(이즈 노)오비즈
15	오비입니다.	OBです。	오비데스	It's Out of bounds.	잇츠 아웃 오브 바운즈
16	잠정구 부탁드립니다.	ざんていきゅうを おねがい いたします。	잠테이큐우오 오네가이이타시마스	Would please you take your provisional ball.	우쥬 플리즈 테이크 유어 프로비져널 볼
17	4시간 정도 걸립니다.	よじかんぐらい かかります。	요지간구라이 카카리마스	It takes about four hours.	잇 테익스 어바웃 포 아우어즈
18	서둘러 주십시오.	いそいで ください。	이소이데 쿠다사이	Please hurry.	플리즈 허리
19	늦어서 죄송합니다.	おそくなって もうしわけ ございません。	오소쿠낫테 모우시와케고 자이마센	I'm sorry? I'm late.	아임 쏘리 아임 레이트
20	18홀에 캐디피는 90,000원입니다.	じゅうはちホールで キャ?ディフィは きゅうまんウォンです。	쥬우하치호오루데 캬디휘와 큐우만원데스	The caddie fee for eighteen holes is ninety thousand won.	더 캐디 피 포 에이틴 홀즈 이즈 나인티 따우전 원
21	9홀에 캐디피는 45,000원입니다.	きゅうホールで キャーディフは よんまんごせんウォンです。	큐우호오루데 캬디휘와 욘만고센원데스	The caddie fee for 9 holes is forty five thousand won.	더 캐디 피 포 나인 홀즈 이즈 포티 파이브 따우전 원
22	전부 합쳐서 180,000원입니다.	ぜんぶあわせて じゅうはちまんウォンです。	젠부 아와세테 쥬우하치만원데스	It's one hundred and sixty one in total.	잇츠 언 헌드레드 앤 씩스티 원 인 토탈
23	먼저 실례하겠습니다.	おさきにしつれいいたします。	오사키니 시츠레이이타시마스	I have to go. Please excuse me.	아이 헤브 투 고우. 플리즈 익스큐즈 미
24	먼저 가십시오.	おさきに どうぞ。	오사키니 도오죠	(I'll go)after you.	(아일 고우)아프터 유

번호	한국어	일본어	한국어로 읽는 방법	영어	한국어로 읽는 방법
25	잘 하세요.	がんばってください。	감바테 쿠다사이	Good luck.	굿럭
26	화이팅	がんばれ！	감바레	Good luck.	굿럭
27	Bag은 맡기시겠습니까?	バックは あずけますか。	밧크와 아츠케마스카	Would you like to store your bag?	우쥬 라익 투 스토어 유어 백?
28	그럼 Bag은 보관소에 보관하겠습니다.	では、バックを ほかんじょに あずけます。	데와 밧크오 호칸죠니 아즈케마스	I will store your bag in the storage room then.	아이 윌 스토어 유어 백 인 더 스토리지 룸 덴
29	그럼 Bag은 현관 앞에 두겠습니다.	では、バックを げんかんの まえに おいときます。	데와 밧크오 겡칸노마에니 오이토키마스	I will put your bag in front of the entrance then.	아이 윌 풋 유어 백 인 프런트 오브 더 엔트런스 덴
30	죄송합니다만, 이쪽으로 나와주시기 바랍니다.	もうしわけございませんが、こちらへ どうぞ。	모오시와케고 자이마셍가 코치라에 도오죠	Excuse me, but please step outside.	익스큐즈미, 벗 플리즈 스텝 아웃싸이드
31	핀의 위치는 오른쪽(왼쪽)입니다.	ピンのいちは みぎ(ひだり)です。	핀노이치와 미기(히다리)데스	The pin is on your right(left) hand side.	더 핀 이즈 온 유어 라이트(레프트)핸드 싸이드
32	뒷팀에게 사인을 부탁드리겠습니다. 뒤쪽으로 나와주시기 바랍니다.	あとのくみに サインを おねがいいたします。 うしろのほうへ どうぞ。	아토노구미니 사잉오 오네가이 이타시마스. 우시로노 호우에 도오죠	Would you mind giving the sign to the next team? They play first?	우쥬 마인드 기빙 더 사인 투 더 넥스트팀? 데이 플레이 퍼스트?
33	화장실은 오른쪽(왼쪽)에 있습니다.	おてあらいは みぎ(ひだり)に あります。	오테아라이와 미기(히다리)니 아리마스	The restroom is on your right(left)hand side.	더 레스트룸 이즈 온 유어 라이트(레프트)핸드 싸이드

번호	한국어	일본어	한국어로 읽는 방법	영어	한국어로 읽는 방법
34	이 홀은 롱게스트(니얼리스트) 홀입니다.	このホールはドラコン(ニアピン)ホールです。	고노 호오루와 도라곤(니아핀) 호오루데스	This is the longest(nearest) hole.	디스 이즈 더 롱기스트(니어리스트) 홀
35	이 홀은 도그렉홀이므로 나무 왼쪽(오른쪽)을 보고 치십시오.	このホールはドッグレッグホールですのできの、ひだり(みぎ)をみてうって、ください	고노 호오루와 돗그렛그 호오루데스노데, 기노 히다리(미기)오 미테 웃테 쿠다사이	This is the Dog Leg Hole. So take your shot towards the right(left) hand side of the tree.	디스 이즈 도그 레그홀. 소우 테익 유어 샷 투워드 더 라잇(레프트)핸드 사이드 어브 더 트리
36	이 홀은 오비가 있습니다(없습니다).	このホールはOBがあります(ありません)。	고노 호오루와 오비가아리마스(아리마셍)	There is an OB on this hole/there is no OB on this hole.	데어 이즈 언 오비 온 디스 홀/데어 이즈 노 오비 온 디스 홀
37	손님의 시계, 락커키, 담배는 여기에 있습니다.	おきゃくさまのとけい、ロッカキー、たばこはここにあります。	오캬쿠사마노 토케이, 롯카키이, 타바코와 코코니 아리마스	Here are your watch, locker room key and the cigarettes.	히어 아 유어 윗치, 락커 룸 키 앤 더 씨가렛츠
38	죄송합니다만, 이 쪽으로 나와 주시겠습니까?	もうしわけございませんが、こちらにでてくださいませんか。	모오시와케고자이마셍가 코치라니 데테 구다사이마셍카	Excuse me but please step outside.	익스큐즈 미 벗 플리즈 스텝 아웃싸이드
39	어서오십시오.	いらっしゃいませ。	이랏샤이마세	Welcome.	웰컴
40	저는 ○○라고 합니다.	わたしは○○ともうします。	와타시와 ○○토 모오시마스	I'm ○○.	아임 ○○
41	죄송합니다만, 일본어를 잘 하지 못합니다.	もうしわけございませんが、にほんごがよくできません。	모우시와케고자이마셍가 니홍고가 요쿠 데키마셍	I'm sorry but I don't speak Japanese very well.	아임 쏘리 벗 아이 돈 스픽 재패니즈 베리 웰

번호	한국어	일본어	한국어로 읽는 방법	영어	한국어로 읽는 방법
42	일본어를 조금 할 줄 압니다.	にほんごが すこし できます。	니홍고가 스코시 데키마스	I can speak a little Japanese.	아이 캔 스픽 어 리를 재패니즈
43	저희 골프장은 몇 번째입니까?	うちのゴルフじょうは なんかいめですか	우치노 고루후죠우와 난카이메데스카	How many times have you visited our club?	하우 매니 타임즈 해브 유 비지티드 아우어클럽
44	저희 골프장은 36홀로 되어 있습니다.	うちのゴルフじょうは 36ホールとなっています。	우치노 고루후죠와 산쥬우롯쿠호오루토 낫데이마스	There are 36 holes in our club.	데어 아 써티 씩스 홀즈 인 아우어 클럽
45	캄포9홀, 레이크9홀, 파인9홀, 오션9홀로 총 36홀로 되어 있습니다.	カムポ9ホール、レーク9ホール、パイン9ホール、オーシャン9ホールで 總36ホールとなっています。	카무포 큐우호오루, 레에크 큐우호오루, 파인 큐우호오루, 오오샨 큐우호오루데 소오 산쥬우로쿠호오루토 낫데이마스	We have 9holes of Campo 9holes of Lake, 9holes of Pine and 9holes of Ocean. In total, we have 36 holes.	위 헤브 나인홀즈 어브 캄포, 나인홀즈 어브 레이크, 나인홀즈 어브 파인 엔드, 나인홀즈 어브 오션. 인 토탈, 위 헤브 써리씩스 홀즈.
46	연습스윙은 저쪽에서 해주시겠습니까.	れんしゅうスイングはあちらでやっていただけませんか。	렌슈우 스잉그와 아치라데 얏데 이타다케마셍카	If you'd like to practice swinging, please do it over there.	이프 유드 라익 투 프랙티스 스윙잉, 플리즈 두 잇 오버 데어
47	여기는 잔디보호구역이므로 들어가시면 안 됩니다.	ここは しばほごくいきなので、はいってはいけません。	코코와 시바호고쿠이키나노데 하잇데와 이케마센	You may not enter here because it's a grass preservation Zone.	유 메이 낫 엔터 히어 비커즈 잇츠 어 그라스 프리저베이션 존
48	앞에 있는 나무방향으로 치십시오.	まえにあるきのほうこうにうってください。	마에니 아루 키노 호우고오니 웃테 쿠다사이	Take your shot towards the tree in front of you.	테이크 유어 샷 투워즈 더 트리 인 프런트 오브 유

번호	한국어	일본어	한국어로 읽는 방법	영어	한국어로 읽는 방법
49	나무보다 왼쪽(오른쪽)을 보고 치십시오.	きより ひだり(みぎ)をみて、うってください。	키 요리 히다리(미기)오 미테 웃테 쿠다사이	Take your shot towards on further left(right) hand side.	테이크 유어 샷 투워즈 온 퍼더 레프트(라이트) 핸드 싸이드
50	~보다 ~가 좋습니다.	~より ~が よいです。	~요리 ~가 요이데스	~is better than ~	~이즈 베터 댄 ~
51	핀 위치는 그린 앞쪽(뒤쪽, 중앙)입니다.	ピンのいちは グリーンの まえ(うしろ、センター)です。	핀노 이치와 그린노 마에 (우시로, 센타)데스	The pin is located in front of (behind, in the middle of)the green.	더 핀 이즈 로케이티드 인 프런트 오브(비하인드, 인 더 미들 오브) 더 그린
52	저희 골프장은 미터가 아닌 야드를 사용하고 있습니다.	うちの ゴルフじょうは メートルではなく、ヤードを つかっています。	우치노 고루후죠우와 메에토루데와나쿠 야도오 츠캇데이마스	We use yards instead of meters.	위 유즈 야즈 인스테드 오브 미터즈
53	저기 있는 작은 나무(봉)가 거리표시입니다.	あそこに ある ちいさなき(棒)がきょりのしるしです。	아소코니 아루 치이사나 키(보)가 쿄리노 시루시데스	The wooden rod over there is the distance measurement.	더 우든 로드 오버 데어 이즈 더 디스턴스 메져먼트
54	봉에 그려진 한줄 표시는 100Y, 두 줄 표시는 150Y, 세 줄 표시는 200Y입니다.	ヤードくいは いっぽんせんがのこり100 ヤード、にほんせんがのこり150ヤード、さんぼんせんがのこり200 ヤードとなっています。	야도쿠이와, 잇뽕센가 노코리햐쿠야도, 니혼셍가 햐크고쥬야도, 산봉셍가 노코 니햐쿠토 낫테이마스	One line drawn on the rod means 100 yards, two lines means 150 yards, and Three lines means 200 yards.	원 라인 드론 온 더 로드 민즈 어 헌드레드 야즈, 투 라인즈 민즈 원 헌드레드 앤 피프티 야즈, 앤 쓰리 라인즈 민즈 투 헌드레드 야즈

번호	한국어	일본어	한국어로 읽는 방법	영어	한국어로 읽는 방법
55	방향은 오른쪽(왼쪽)이 높습니다.	ほうこうは みぎ(ひだり)が たかい です。	호오코오와 미기(히다리) 가타카이데스	The right(left) hand side is higher.	더 라이트(레프트) 핸드 싸이드 이즈 하이어
56	저희 골프장은 그린이 산쪽이 높고 바다쪽이 낮은 편입니다.	うちの ゴルフじょうは グリ?ンが やまがわは たかくて、うみがわは ひくいほうです。	우치노 고루후죠오와 그린가 야마가와 타카크테, 우미가와 히쿠이 호우데스	The mountain side greens are higher and the sea side greens are lower.	더 마운틴 싸이드 오브 더 그린즈 아 하이어 앤 더 씨 싸이드 그린즈 아 로워
57	앞바람성의 슬라이스(뒷바람)	まえのかぜの スライス	마에노 카제노 스라이스	Slice because of the against wind.	슬라이스 비코우즈 어브 더 어겐스트 윈드
58	뒷바람성의 훅(앞바람)	うしろのかぜ のフック	우시로노 카제노 훅크	Hook because of the following wind.	훅 비코우즈 어브 더 팔로윙 윈드
59	5홀이 끝나면 Tea House입니다.	5ホールが おわると ちゃみせ(ティーハウス)が あります。	고호오루가 오와루토 챠미세(티 하우스)가 아리마스	There is a teahouse after the 5th hole.	데어 이즈 어 티 하우스 아프터 더 피프쓰 홀
60	홀이 비어 있어서 바로 가셔야 되겠습니다.	ホールが あいているので、このまま プレーしていた だけませんか。	호오루가 아이테 이루노데, 고노마마 프레이시테 이타다 케마센카	We have to move on because the hole is empty.	위 해브 투 무브 온 비커즈 더 홀 이즈 엠티
61	그냥 그 자리에서 칠 수 있습니다.	そこで うつ ことが でき ます。	소코데 우츠 코토가 데키 마스	You can take your shot there.	유 캔 테이크 유 어 샷 데어
62	앞에 특설 티가 있습니다.	まえに とく せつティーが あります。	마에니 토쿠 세츠티이가 아리마스	We have a special tee(OB tee) over there.	위 해브 어 스페셜 티 (오비티) 오버 데어

217

제10장_캐디 외국어 기초

번호	한국어	일본어	한국어로 읽는 방법	영어	한국어로 읽는 방법
63	여기서 치면 3타(4타)째입니다.	ここで うつと、さんだ(よんだ)めです。	코코데 우츠토산다(욘다)메데스	It's your third (fourth) shot.	잇츠 유어 써드(포쓰)샷
64	혹시 모르니까 한개 더 치시고 가시겠습니까?	ねんのため、ざんていきゅうを おねがいいたします。	넨노타메, 잔테이큐우오 오네가이이타시마스	You'd better take your provisional ball shot just in case.	유드 베러 테익 유어 프로비젼얼 볼 샷 져스트 인 케이스
65	죄송하지만 OB인 것 같습니다.	もうしわけございませんが、OBのようです。	모우시와케고자이마센가, 오비노요우데스	Sorry but your shot was OB.	쏘리 벗 유어 샷 워즈오비
66	앞에 있는 특설티에서 치시겠습니까?	まえに ある とくせつティーで うちますか。	마에니 아루 토쿠세츠티이데 우치마스카	Would you like to take your shot at the special tee (OB tee)?	우즈 유 라익 투 테익 유어 샷 앳 더 스페셜 티(오비티)
67	그린에서 스파이크 자국이 나지 않도록 조심해 주십시오.	グリーンに スパイクの あとが のこらないように ごちゅういくだ さい。	그리인니 스파이크노 아토가 노코라나이 요우니 고쥬우이 쿠다사이	Please be careful and don't make any spikes marks on the green.	플리즈 비 케어풀 앤 돈 메이크 애니 스파익스 마크스 온 더 그린
68	OB가난 볼은 제가 찾아서 확인을 하겠습니다.	OBボールは わたしが さがして、かくにんいたします。	오비보우루와 와타시가 사가시테, 카쿠닝이타시마스	I'll find the OB ball and check it.	아일 파인드 더 오비 볼 앤 첵킷
69	먼저 티샷 해주십시오.	おさきに、ティショット どうぞ。	오사키니 티 숏토 도오죠	Take your tee shot first please.	테이크 유어 티 샷 퍼스트 플리즈
70	죄송합니다. 볼을 아무리 찾아도 없습니다.	もうしわけありません。ボールを みつかりませんでした。	모우시와케아리마센가, 이 쿠라 보오루오 사가시테모 미츠가리마센	I'm sorry but I couldn't find the ball.	아임 쏘리 벗 아이 쿠든트 파인드 더 볼

번호	한국어	일본어	한국어로 읽는 방법	영어	한국어로 읽는 방법
71	여기서 볼을 놓고 치시겠습니까?	ここに ボールを おいて うっていただけませんか	코코니 보오루오 오이테 웃테? 잇타다 케마센카	Would you like to take your shot here?	우쥬 라이크 투 테이크 유어 샷 데어?
72	스코어 카드는 제가 가지고 있습니다.	スコア カードは わたしが もっています。	스코아 카아도와 와타시가 못테이 마스	I have the score cards.	아이 해브 더 스코어 카즈
73	화장실은 입구 오른쪽(왼쪽)입니다.	おてあらいは いりぐちの みぎ(ひだり)に あります。	오테아라이와 이리구치노 미기(히다리)니 아리마스	The rest room is on the right (left)hand side of the entrance.	더 레스트 룸 이즈 온 더 라이트(레프트)핸드 싸이드 오브 더 엔트런스
74	그린 양쪽(왼쪽, 오른쪽)에 모두 벙커(OB)가 있습니다.	グリーンの りょうがわ ひだり、みぎに バンカーが あります。	그린노 료우가와(히다리, 미기)니 방카가 아리마스	There are bunkers on both the right and left hand sides of the green.	데어 아 벙커즈 온 보쓰 더 라이트 앤 레프트 핸드 싸이즈 오브 더 그린
75	조금 옮기셔도 됩니다.	すこし うつしても かまいません。	스코시 우츠시테모 가마이마센	You can move that a bit.	유 캔 무브 댓 어 빗
76	벌타없이 드롭할 수 있습니다.	ペナルティなしで ドロップが できます。	페나르티나시데 도롭브가 데키마스	You can drop it without penalties.	유 캔 드롭 잇 위드아웃 페널티즈
77	연습장(Driving range)은 이쪽(저쪽)입니다.	れんしゅうじょう(ドライビングアレンジ)は こちら(あちら)です。	렌슈우죠오(도라이빙 아렌지)와코치라(아치라)데스	The driving range is here(over there).	더 드라이빙 레인지 이즈 히어(오버 데어)
78	먼저 퍼팅 하십시오.	おさきに ッティングしてください。	오사키니팟팅구시테 쿠다사이	You may putt first.	유 메이 펏 퍼스트

219

제10장_캐디 외국어 기초

번호	한국어	일본어	한국어로 읽는 방법	영어	한국어로 읽는 방법
79	다음홀은 이쪽(저쪽) 입니다.	つぎの ホールはこちら(あちら)です。	츠기노 호오루와 코치라(아치라)데스	The next hole is this (that) way.	더 넥스트 홀 이즈 디스(뎃)웨이
80	그린까지는 짧았습니다.	グリーンまではみじかかったです。	그리인마데와 지카캇타데스	It didn't reach the green.	잇 디든 리치 더 그린
81	그린을 오버했습니다.	グリーンをオーバしました。	그리인오 오오바 시마시타	It overshot the green.	잇 오버샷 더 그린
82	오늘은 왼쪽(오른쪽) 그린을 사용합니다.	きょうはひだり(みぎ)のグリーンをつかいます。	쿄오와 히다리(미기) 노구리인오 츠카이마스	We are using the green on the left (right).	위 아 유징 더 그린 온 더 레프트(라이트)
83	핀위치는 앞(뒤, 중앙, 왼쪽, 오른쪽)에 있습니다.	ピンのいちは、まえ(うしろ、センター、ひだり、みぎ)にあります。	핀노 이치와 마에(우시로, 히다리, 미기)니 아리마스	The pin is in front Of (behind, in the middle of, on the left side of, on the right hand side of) you.	더 핀 이즈 인 프런트 오브(비하인드, 인 더 미들 오브, 온 더 레프트 핸드 싸이드 오브, 온 더 라이트 핸드 싸이드 오브) 유
84	스윙이 빠른 것 같습니다.	スイングがはやいようです。	스잉그가 하야이요오데스	Your swing was too fast.	유어 스윙 워즈 투 파스트
85	힘을 빼고 천천히 치십시오.	ちからをぬいてごゆっくりうってください。	치카라오 누이테 고육쿠리 웃테 쿠다사이	Relax and take your time	릴랙스 앤 테이크 유어 타임
86	시합팀(단체팀)입니까?	しあいチーム(だんたいチーム)ですか。	시아이치프(단타이치프) 데스카	Is it a competition team?	이즈 잇 어 컴페티션 팀
87	오른쪽(왼쪽) 러프로 들어간 것 같습니다.	みぎ(ひだり)のラフにはいったようです。	미기(히다리)노 라흐니 하잇타요오데스	I think it landed in the rough on the right(left) hand side.	아이 띵크 잇 랜디드 인 더 러프 온더 라잇(레프트)핸드 싸이드

번호	한국어	일본어	한국어로 읽는 방법	영어	한국어로 읽는 방법
88	볼은 벙커 안에 들어 간 것 같 습니다.	ボールはバンカーのなかにはいったようです。	보오루와 방카아노 나카니 하잇타요 오데스	I think the ball is in The bunker.	아이 띵크 더 볼 이즈 인 더벙커
89	앞(뒤, 왼쪽, 오른쪽)에는 해저드가 있습니다.	まえ(うしろ、ひだり、みぎ)にはいけがあります。	마에(우시로, 히다리, 미기)니와 이케가 아리마스	There is a hazard in Frontof you (behind you, on your left/right hand side).	데어 이즈 어 해 저드 인 프런트 오브 유 (비하인 드 유, 온 유어 레프트/라이트 핸드 싸이드)
90	오늘은 손님이 많아서 27홀(36홀)을 칠 수가 없을 것 같습니다.	きょうはおきゃくさまがおお(て、27ホール、36ホール)をうつことができなさそうです。	쿄우와 오캬쿠사마가 오오쿠테 니쥬우나나호오루(산쥬우로쿠호오루)오 우츠 코토가 데키나사소우 데스	Due to many customers, we won't be able to play the 27(36) holes.	듀 투 매니 커스 토머즈, 위 우든 비 에이블 투 플 레이 더 투웬티 쎄븐(써티 씩스) 홀즈
91	오늘은 예약이 많습니다.	きょうはよやくがおおいです。	쿄우와 요야쿠가 오오이 데스	We have many reservations today.	위 해브 매니 레 져베이션스 투 데이
92	진행실에 물어보겠습니다.	しんこうしつにかくにんしてみます。	신코시츠니카 쿠닝시테 미 마스	I'll ask the officer.	아일 에스크 디 오피서
93	프런트로 가셔서 먼저 접수해 주시겠습니까?	まず、フロントにいってうけつけのてつづきをしてください。	마즈, 호론토 니 잇테 우케 츠케노 테츠 츠키오 시테 쿠다사이	Please check in at the front desk first.	플리즈 첵 인 앳 더 프런트 데스 크 퍼스트
94	18홀에 4시간 10분 정도 걸립니다.	じゅうはちホールでよじかんじゅっぷんほどかかります。	쥬우하치호오루데 요지칸 줏뿐 호도 카 카리마스	It takes about four Hours and ten minutes for eighteen holes.	잇 테익스 어바 웃 포 아우어즈 앤 텐 미닛츠 포 에이틴 홀즈

번호	한국어	일본어	한국어로 읽는 방법	영어	한국어로 읽는 방법
95	내일도 저희 골프장에서 골프를 치십니까?	あしたも うちの ゴルフじょうを ごりようされますか	아시타모 우치노 고루후죠오 고리요오사레마스카	Are you playing at our club tomorrow as well?	아유 플레잉 엣 아우어 클럽 투머로우 애즈 웰?
96	내일도 잘 치십시오.	あしたも がんばって ください。	아시타모 감밧테 쿠다사이	Good luck for tomorrow.	굿럭 포 투머로우
97	수고하셨습니다.	おつかれさまでした。	오츠카레사마데시타	Well done.	웰 던
98	또 오십시오.	また おこしくださいませ。	마타, 오코시 쿠다사이마세	Please come by next Time.	플리즈 컴 바이 넥스트 타임
99	힘내십시오.	がんばって ください。	감밧케 쿠다사이	Cheer up.	치어 업
100	마지막 홀입니다. 잘 치십시오.	さいごの ホールです。がんばって ください。	사이고노 호오루데스.감밧테 쿠다사이	This is the last hole. Good luck.	디스이즈 더 라스트홀 굿럭
101	볼 보십시오.	ボールを みて ください。	보오루오 미테쿠다사이	Look at the ball.	룩 앳 더 볼
102	다음 홀은 롱(미들,숏) 홀입니다.	つぎの ホールは ロング(ミドル,ショート)ホールです。	츠기노 호오루와롱그(미도루,쇼오토) 호오루데스	We have a long(middle, short) hole next.	위 해브 어 롱(미들,숏)홀 넥스트
103	안내해 드리겠습니다.	ごあんない いたします。	고안나이 이타시마스	Please follow me.	플리즈 팔로우 미
104	성함이 어떻게 되십니까?	おなまえは なんと おっしゃいますか。	오나마에와난토옷샤이마스카	What is your name?	왓 이즈 유어 네임
105	죄송합니다만, 플레이를 좀 빨리 해 주십시요.	もうしわけございません が、プレーをすこし はやめにやっていただけませんか。	모우시와케고자이마센가, 쁘레이오 스코시 하야메니 얏테 이타다케마센카	Excuse me but would you please speed up your game.	익스큐즈 미 벗 우쥬 플리즈 스피드 업 유어 게임

번호	한국어	일본어	한국어로 읽는 방법	영어	한국어로 읽는 방법
106	그린은 왼쪽(오른쪽)입니다.	グリーンはひだり(みぎ)です。	그리인와 히다리(미기)데스	The green is on the left (right) hand side.	더 그린 이즈 온 더 레프트(라이트)핸드 싸이드
107	방향은 곧바로(우측, 좌측) 치십시오.	ほうこうはまっすぐ(みぎ、ひだり)ってください。	호우코우와 맛스구(미기, 히다리)웃테 쿠다사이	Take your shot straight this way(··· your shot to the left/right hand side).	테이크 유어 샷 스트레이트 디스 웨이(테이크 유어 샷 투 더 레프트/라이트 핸드 싸이드)
108	스파이크를 끌지 말아주십시오.	スパイクをひかないようにごちゅういください。	스파이쿠오 히카나이요오 니고츄우이 쿠다사이	Don't drag your spikes please.	돈트 드래그 유어 스파이크스 플리즈
109	헤드업을 하신 것 같습니다.	ヘッドアップになったようです。	헷도압쁘니 낫타 요오 데스	I think you just made a Head up.	아이 띵크 유 저스트 메이드 어 헤드 업
110	그린 왼쪽이 높습니다.	グリーンひだりがたかくなっています。	그리인 히다리가 타카크 낫테이마스	The left hand side of the green is higher.	더 레프트 핸드 싸이드 오브 더 그린 이즈 하이어
111	그린 오른쪽이 낮습니다.	グリーンみぎがひくくなっています。	그리인 미기가 히쿠쿠 낫테이마스	The right hand side of the green is lower.	더 라이트 핸드 싸이드 오브 더 그린 이즈 로우어
112	제주는 몇 번째 방문하시는겁니까?	ジェジュウはなんかいめですか。	제주와 난카이메데스카	How many times have you visited Jeju?	하우 매니 타임즈 해브 유 비지티드 제주
113	저 나무는 복숭아나무입니다.	あのきはものきです。	아노키와 모모노키데스	That tree is a peach tree.	댓 트리 이즈 어 피치 트리
114	선불입니다.	さきばらいです。	사키바라이 데스	Prepay please.	프리페이 플리즈

번호	한국어	일본어	한국어로 읽는 방법	영어	한국어로 읽는 방법
115	후불입니다.	あとばらいです。	아토바라이 데스	You can pay later.	유 캔 페이 레이터
116	전부 프런트에서 계산하시면 됩니다.	しはらいはフロントでなさってください。	시하라이와 후론토데 나삿테 쿠다사이	Make your payments at the front desk please.	메이크 유어 페이먼츠 앳 더 프런트 데스크 플리즈

✽ 저 | 자 | 소 | 개 ➔➔➔

■ 권 동 극
- 경영학박사(관광경영 전공)
- 대한관광경영학회 부회장

  현) 성덕대학교 교수

■ 김 영 식
- 경영학박사(관광·호텔경영 전공)
- (주)씨디엘호텔코리아-밀레니엄 서울힐튼호텔
- 웰비스(주)-안양유스호스텔 총지배인
- 주식회사 레스쿨 대표이사

  현) 청주대학교 호텔경영학과 교수

■ 박 익 수
- 그랜드힐튼호텔 식음료부
- LG레저 곤지암리조트 식음팀장
- 엘리시안 강촌 식음영업팀장
- 세경대학교 호텔조리외식경영과 겸임교수
- 호원대학교 호텔경영학과 겸임교수
- 한림성심대학교 호텔리조트과 겸임교수

  현) 엘리시안 제주 콘도사업 총괄지배인

골프 캐디 매뉴얼
(Golf Caddie Manual)

2015년 4월 25일 초   판 발행
2023년 2월 10일 1판 5쇄 발행

저 자 권동극 · 김영식 · 박익수
발행인 한 인 환
발행처 도서출판 **기 문 사**
등 록 1978. 8. 9. NO. 6-0637
주 소 서울시 동대문구 안암로 50-1(용두동) 홍신빌딩 3층
전 화 02) 2265-7214 / 922-8662~8663
팩 스 02) 922-8772

homepage : www.kimoonsa.co.kr
e-mail : book@kimoonsa.co.kr

저자와의
협의하에
인지생략

ISBN : 978-89-7723-674-5 13690

정가 : 15,000원

●불법복사는 지적재산을 훔치는 범죄행위입니다.
저작권법 제 97조의 5(권리의 침해죄)에 따라 위반자는 5년 이하의 징역
또는 5천만원 이하의 벌금에 처하게 됩니다.